Seda Şahin

Vergi Direnci ve Kamu Hizmeti Algısı

Seda Şahin

Vergi Direnci ve Kamu Hizmeti Algısı

Vergiye Direncin Azaltılabilmesi İçin Kamu Hizmetlerine Yönelik Algılamalar Nasıl İyileştirilebilir?

Türkiye Alim Kitapları

Impressum / Künye
Bibliografische Information der Deutschen Nationalbibliothek: Die Deutsche Nationalbibliothek verzeichnet diese Publikation in der Deutschen Nationalbibliografie; detaillierte bibliografische Daten sind im Internet über http://dnb.d-nb.de abrufbar.

Deutsche Nationalbibliothek tarafından yayınlanan bibliyografik bilgiler: Deutsche Nationalbibliothek, bu yayını Deutsche Nationalbibliografie'de listeler; detaylı bibliyografik bilgi İnternet'te http://dnb.d-nb.de sitesinde mevcuttur.

Coverbild / Kitap kapağı resmi: www.ingimage.com

Verlag / Yayıncı:
Türkiye Alim Kitapları
ist ein Imprint der / yayınevinin bir ticari markasıdır
OmniScriptum GmbH & Co. KG
Bahnhofstraße 28, 66111 Saarbrücken, Deutschland / Almanya
Email / E-posta: info@omniscriptum.com

Herstellung: siehe letzte Seite /
Basım yeri: son sayfaya bakın
ISBN: 978-3-639-67478-1

Seda ŞAHİN

VERGİ DİRENCİ

Vergiye Direncin Azaltılabilmesi İçin Kamu Hizmetlerine Yönelik Algılamalar Nasıl İyileştirilebilir

TÜRKİYE ALİM KİTABEVİ
İSTANBUL
2016

Seda ŞAHİN

VERGİ DİRENCİ

Vergiye Direncin Azaltılabilmesi İçin Kamu Hizmetlerine Yönelik Algılamalar Nasıl İyileştirilebilir

TÜRKİYE ALİM KİTABEVİ
İSTANBUL
2016

Sonsuzluğa uğurladığımız Babam

ve gölgesinde

huzur bulduğum Anneme...

İÇİNDEKİLER

TABLOLAR

GRAFİKLER

KISALTMALAR

AB	Avrupa Birliği
ABD	Amerika Birleşik Devletleri
AİHM	Avrupa İnsan Hakları Mahkemesi
AK	Avrupa Konseyi
BM	Birleşmiş Milletler
BYES	Bütçe Yönetim ve Enformasyon Sistemi
DB	Dünya Bankası
DSİ	Devlet Su İşleri
EBTIS	Elektronik Banka Tahsilatları İşleme Sistemi
EFKS	Elektronik Fatura Kayıt Sistemi
E-VEDOP	Elektronik Vergi Dairesi Otomasyon Projesi
GİMOP	Gümrük Modernizasyon Projesi
GSMH	Gayrı Safi Milli Hasıla
GSYİH	Gayri Safi Yurtiçi Hasıla
HİS	Hızlandırılmış KDV İade Sistemi
IMF	Uluslararası Para Fonu
İLEMOD	İç İşleri Bakanlığının İl Envanteri Modernizasyonu
KDEP	Kısa Dönem Eylem Planı
KDV	Katma Değer Vergisi
MEBNET	Milli Eğitim Bakanlığı Yönetim Bilgi Sistemi
MEOP	Milli Emlak Otomasyon Projesi
MERNİS	Merkezi Nüfus İdaresi Sistemi
MOTOP	Nakil Vasıtaları Vergi Dairesi Otomasyon Projesi
MTA	Maden Tetkik ve Arama
OECD	Ekonomik Kalkınma ve İşbirliği Örgütü
POLNET	Polis Ağı Oluşturma Projesi
TAKBİS	Tapu Kadastro Bilgi Sistemi
TEFER	Türkiye Sel ve Deprem Felaketi Acil Yarım Projesi

TBMM	Türkiye Büyük Millet Meclisi
TC	Türkiye Cumhuriyeti
TKY	Toplam Kalite Yönetimi
TODAİE	Türkiye Ortadoğu Amme İdaresi Enstitüsü
TUENA	Türkiye Uluslar Arası Enformasyon Altyapısı Ana Planı
TÜSİAD	Türkiye Sanayicileri ve İşadamları Derneği
UCM	Uluslar Arası Ceza Mahkemesi
UNDP	Birleşmiş Milletler Kalkınma Programı
UNICRI	Birleşmiş Milletler Suç ve Adalet Araştırma Enstitüsü
UYAP	Ulusal Yargı Ağı Projesi
VDO	Vergi Dairesi Otomasyonu
VEDOP	Vergi Dairesi Otomasyon Projesi
VEDOP_1	Vergi Dairesi Otomasyon Projesi 1. Aşama
VEDOP_2	Vergi Dairesi Otomasyon Projesi 2. Aşama
YKİ	Yeni Kamu İşletmeciliği
YKY	Yeni Kamu Yönetimi

ÖNSÖZ

Elinizdeki bu kitap, Yüksek Lisans tezimdeki içeriğin biraz daha geliştirilmiş halidir. Kitapta, “Vergiye direncin azaltılabilmesi için kamu hizmetlerine yönelik algılamaların nasıl iyileştirilebileceği” sorusuna yanıt aranmıştır. Bu anlamda beş ana bölüm altında incelenen kitabın kapsamını; vergilemenin kavramsal çerçevesi, vergi psikolojisi ve amaçları, vergi direnci ve vergi direncinin karşıt kavramı olan vergiye gönüllü uyum ile kitabın temel sorusuna cevap oluşturabilme olasılığı yüksek görünen kamu hizmetlerine yönelik algılamaların iyileştirilmesine ilişkin yapılan ve yapılması muhtemel çalışmaların değerlendirilmesi oluşturmaktadır.

Tezimin geliştirilerek kitap olarak yayınlaması konusunda beni teşvik eden ve yazma süreci içinde desteğini hiçbir şekilde esirgemeyen değerli hocam, Sayın Prof. Dr. M. Mustafa Erdoğdu’ya, entelektüel rehberliği ile bu kitabın ortaya çıkmasında büyük katkısı bulunan sevgili dayım, Av. Ali Şahin’e ve mesleki bilgi ve tecrübesinden yararlandığım sevgili ablam, SMMM Ayşe Sahin’e teşekkürlerimi bir borç bilirim.

Platon'a göre "Bir sorunu çözmek saçmadır; çünkü kişi, ya neyi bulmaya çalıştığını bilmektedir ve dolayısıyla ortada bir sorun yoktur, ya da neyi bulmaya çalıştığını bilmemektedir ve dolayısıyla bir sonuca ulaşması beklenemez."

Giriş

Bilindiği üzere bütün toplumların ekonomik açıdan en temel amacı, sınırlı miktardaki iktisadi kaynaklarını verimli ve etkili bir şekilde değerlendirerek mümkün olan en yüksek refah seviyesine ulaşmaktır. Ancak bu amaca ulaşmak sanıldığının aksine hiç de kolay değildir ve birçok değişkene bağlıdır. Ekonomik platformda farklı roller üstlenen ekonomik aktörlerin üretim, tüketim, tasarruf, yatırım ve vergi konusunda aldıkları ve zamanın şartlarına göre değişiklik gösteren kararları, ulaşılacak refah düzeyini önemli ölçüde etkileyebilmektedir.

Ekonomik alanda devlet, temel olarak vatandaşların kamusal ihtiyaçlarının etkin bir biçimde giderilmesiyle uğraşırken, toplum refahını maksimize etme konusunda önemli bir rol üstlenmektedir. Bu bağlamda, hizmetlerin yerine getirilmesinde finansman ihtiyacıyla da karşı karşıya kalan devlet, temel fonksiyonlarını yerine getirirken vergi, harcama ve borçlanma gibi maliye politikası araçları kullanmaktadır. Finansman ihtiyacının karşılanmasında borçlanma ve para basımı gibi mali araçların kullanımı kısa vadede çözüm gibi görünse de bu durum uzun vadede ekonomi için ciddi problemlere yol açabilmektedir. Dolayısıyla, karşılıksız bir yükümlülük olan vergi, kamusal finansman için en rasyonel kaynak olarak öne çıkmaktadır. Ancak, kamu kesimince hem bir finansman kaynağı olarak hem de kamu hizmetlerinin yerine getirilmesinde bir araç olarak kullanılan vergi bir borç-alacak ilişkisi olup, bu ilişki vergi alacaklısı devlet ile vergi borçlusu fertler ve firmalar arasında psikolojik, sosyolojik ve hukuki sonuçlar doğurmaktadır. Şöyle ki; Devlet, kanunlar çerçevesinde sahip olduğu hukuki ve fiili zorlama gücüne dayanarak, kamu hizmetlerinin yerine getirilmesinde finansman ihtiyacını karşılamak üzere ülkede yaşayan vatandaşlardan mali talepte bulunmaktadır. Vatandaşlar ise ya yapacakları fedakârlığın kendilerine tatmin edecek ölçüde hizmet olarak geri döneceğinden kuşku duydukları, ya da böyle bir fedakârlığa katlanmamalarının kendileri için daha uygun olacağını düşünmeleri gibi nedenlerle vergiye karşı direnç göstermektedirler.

Başlangıçta isteğe bağlı olup zamanla zorunlu hale gelerek yükümlüler tarafından potansiyel dirençle karşılaşan vergi, devlet için adeta hayati bir önem taşıdığından üzerinde özenle durulması gereken bir konudur. Bu bağlamda, ekonomik aktörlerin vergiye karşı gösterdikleri tepkilerin nedenlerinin, genel manada vergi direncini ortaya çıkaran faktörler olarak, özel manada da, kamu hizmetlerinin yerine getirilmesi ile ilgili algılamadan kaynaklanan ve vergi direncine sebep olan faktörlerin neler olduğunun araştırılarak tespit edilmesi ve vergiye uyumu artıracak çalışmaların neler olduğu/olabileceğinin incelenmesi çalışmamızın ana temasını oluşturmaktadır. Bu çerçevede çalışma beş ana bölümden oluşmaktadır.

Birinci bölümde kavramsal bir arka plan çizebilmek amacıyla verginin tanımı ve fonksiyonları ile devletin vergilendirme yetkisinin kaynağından bahsedilmektedir. İkinci bölümde verginin algılanışı, değerlendirilişi ve buna bağlı olarak da gösterilen tepkilerin neler olduğunun anlaşılmasını kolaylaştırmak için vergi psikolojisinden ve vergi psikolojisinin amaçları ile vergileme sınırı, vergilemeyi sınırlandıran psikolojik etkenler ve devletin vergileme yetkisinin sınırı konu edilmektedir.

Üçüncü bölümde vergiye direnç ve vergiye gönüllü uyum ana başlığı altında mükelleflerin vergiye gösterdikleri tepkilerinin türleri ve vergiye direncin karşıt kavramı olarak arzu edilen tabloyu yansıtan vergiye gönüllü uyum ile vergiye gönüllü uyumu etkileyen faktörlerin neler olduğu sorusuna cevap aranmaktadır.

Dördüncü bölümde ilk olarak, kamu hizmetinin, gerek öğretide gerekse yargı kararlarında yaşanan tanımlama güçlüğüne rağmen kavramsal çerçevesi oluşturularak, kamu hizmetlerinin vergi ile ilişkisi incelenmektedir. Ardından Thatcher döneminde İngiltere'de ortaya konan uygulamalarla başlayan, daha sonra muhafazakâr hükümetler eliyle tüm gelişmiş ülkelerin kamu yönetimi sistemlerinde etkili olan, klasik anlamda iş yapmaya dayanan kamu yönetiminin yapısı ve işleyişinden sıyrılarak, iletişim ve teknoloji alanındaki gelişmelere paralel olarak özel sektörde gözlemlenen değişim sonucu ortaya çıkan *Yeni Kamu Yönetimi* anlayışı ve bu anlayış kapsamında önemli bir yere sahip olan *Yönetişim* kavramı ele alınmıştır. Daha sonra ise, tarihsel süreç içerisinde hiçbir zaman eksik olmayan devlet ve vatandaş arasındaki kopukluğun altı çizilerek, Türkiye'de devlet geleneği ve bürokrasi açısından kamu hizmeti algısı alt başlığı ile kamu hizmetinden yararlananlar bakımından hizmet algısı alt başlığı altında kamu hizmetine yönelik algılamalar incelenmiştir.

Çalışmanın beşinci bölümünde vergiye direnç probleminin, kamu hizmetlerine yönelik algılamaların iyileştirilebilmesi yoluyla azaltılması veya ortadan kaldırılması yolunda şimdiye kadar neler yapıldığı ve neler yapılabileceği dört kısımda irdelenmiştir. Birinci kısımda genel olarak Türk vergi sistemine ilişkin iyileştirme çalışmaları adı altında yapılmış ve sürdürülmekte olan vergi reformu çalışmalarından bahsedilmiştir. İkinci kısımda vergi hizmetlerinin iyileştirilmesi kapsamında gelir politikalarının adalet ve tarafsızlık içinde gerçekleştirilmesi; vergi ve diğer gelirlerin en az maliyetle toplanması, dolayısıyla da mükelleflerin vergiye gönüllü uyumunun sağlanabilmesi için parçalı ve çok başlı Maliye Teşkilatının yeniden yapılandırılmasına yönelik çalışmalar ele alınmıştır. Üçüncü kısım kayıp ve kaçakların en aza indirilmesine yönelik Vergi Denetim Sisteminin etkin bir yapıya kavuşturulması çabalarının incelendiği kısımdır. Son kısımda da aslında problemin çözümünde ağırlık merkezini oluşturduğunu düşündüğümüz kamu hizmetlerinin iyileştirilmesine yönelik yapılan ve yapılması muhtemel çalışmalar ile çözüm önerilerinden bahsedilmiştir. Son bölümde ise çalışmanın sonuçları özetlenerek değerlendirilmiştir.

Birinci Bölüm

Vergilendirme

1.1. Verginin Tanımı ve Fonksiyonları

"Kamu maliyesi literatüründe verginin çeşitli tanımları yapılmış ve bu tanımların çoğunda da verginin hukuki özellikleri belirtilmeye çalışılmıştır. Bu özelliklerin en önemlileri verginin 'zorunlu-cebri' oluşu ve 'karşılıksız' bulunuşudur. Azınlıkta olsa da, iktisadi açıdan yapılmış vergi tanımları da mevcuttur."[1]

Günümüzdeki amaç ve fonksiyonları göz önünde bulundurulmak suretiyle vergiyi tanımlayacak olursak vergi; devlet ve diğer kamu tüzel kişilikleri tarafından kamusal hizmetlerin gerektirdiği giderler ve kamu borçları dolayısıyla ortaya çıkan yükleri karşılamak amacıyla, egemenlik gücüne dayanarak, karşılıksız olarak, gerçek ve tüzel kişilerden cebir unsuruna dayalı alınan, kanuni ve ekonomik değerlerdir[2]. Bu tanıma göre verginin asıl fonksiyonu, kuşkusuz kamu giderlerini karşılamaktır. Verginin bu mali fonksiyonuna, *geleneksel vergi fonksiyonu* adı verilmektedir. Ancak özellikle 1930'lardan itibaren vergi sadece kamu harcamalarını karşılayan bir gelir türü olmaktan çıkmış, devletin elinde iktisadi ve sosyal hayatta müdahalenin etkin bir aracı haline gelmiştir. Anglo-Sakson yazarlar verginin bu fonksiyonunu ifade etmek için *mali olmayan amaç* deyimini kullanmaktadırlar[3].

Verginin, devlete gelir sağlama fonksiyonunun yanı sıra sosyal ve iktisadi nitelikteki bazı amaçların gerçekleştirilmesi için de bir araç gibi kullanılması fikrini bilimsel bir biçimde öneren ilk iktisatçı Adolph Wagner'dir. Özellikle, verginin yeniden dağıtıcı (redistributive) özelliği, sosyal bazı amaçların gerçekleştirilmesinde büyük öneme sahiptir.

Bu anlamda gelirin, toplumun varlıklı tabakası ile yoksul tabakası arasında yeniden dağılıma tabi tutulması Wagner'in tavsiyeleri arasında yer almaktadır[4].

---

[1] Halil Nadaroğlu, **Kamu Maliyesi Teorisi**, Beta Yayıncılık: İstanbul, 2000, s. 215.
[2] Elif Biberoğlu, **Türkiye'de Gönüllü Vergi Uyumu**, Yüksek Lisans Tezi, Dokuz Eylül Üniversitesi Sosyal Bilimler Enstitüsü, İzmir, 2006, s. 4.
[3] Nadaroğlu, s. 217.
[4] Nadaroğlu, s. 219.

1.2. Vergiye İlişkin Temel Kavramlar ve Terimler

1.2.1. Verginin Konusu

Üzerine vergi konulan ve bu nedenle doğrudan ya da dolaylı olarak verginin kaynağını oluşturan iktisadi değer verginin konusudur. Verginin konusu bir mal, bir hasılat, bir hizmet, bir gelir, bir sermaye, bir muamele, bir fiil, bir olay vb. olabilir.

1.2.2. Vergi Yükümlüsü (Mükellef) ve Sorumlusu

Vergi Usul Kanunumuzun 8. maddesi vergi yükümlüsünü, "Vergi kanunlarına göre kendisine vergi borcu terettüb eden gerçek veya tüzel kişidir." şeklinde tanımlamaktadır. Yükümlülük esas itibariyle kişiseldir. Dolayısıyla kişiye bağlı olup, özel bir sözleşme ile istisnalar dışında başkalarına devredilmesine imkân yoktur. Nitekim, Vergi Usul Kanununun 8. maddesinin 3. fıkrasında bu durum şu şekilde ifade edilmiştir: "Vergi kanunlarıyla kabul edilen haller müstesna olmak üzere, mükellefiyete veya vergi sorumluluğuna müteallik özel mukaveleler vergi dairelerini bağlamaz."

1.2.3. İstisna ve Muafiyetler

İstisna, vergi kanunlarında esas itibariyle vergilendirilmesi öngörülen bir konunun kısmen veya tamamen, devamlı ya da geçici bir şekilde vergi dışında tutulmasını ifade eder. Sosyal, kültürel, ekonomik, mali ve idari nedenlerle bu yöndeki uygulamalara yer verilmektedir.

Muafiyet ise, vergi kanunlarında, esas itibariyle kendileri için vergi borcu doğmasının öngörülmüş olmasına rağmen, belirli kişilerin veya grupların vergi yükümlülüğü dışında tutulmalarını ifade etmektedir.

Yarattıkları sonuç itibariyle istisna ve muafiyet arasında fark yoktur. İkisi de sonuçta vergi borcunun doğmasına sebep olurlar.

Ancak istisna konudan hareket ettiği için objektif, muafiyet ise yükümlüyü esas aldığı için subjektif bir kavramdır. Bilimsel açıdan böyle olmakla birlikte, uygulamada çoğu zaman biri diğerinin yerine hatalı olarak kullanılmaktadır[5].

---

[5] Nadaroğlu, s. 237.

1.2.4. Vergiyi Doğuran Olay

Vergiyi doğuran olay Vergi Usul Kanunumuzda "Vergi alacağı, vergi kanunlarının vergiyi bağladıkları olayın vukuu veya hukuki durumun tekemmülü ile doğar" şeklinde tanımlanmıştır.

Devletin vergi alacağı vergiyi doğuran olayla birlikte başladığı için vergiyi doğuran olayın tespitinin vergilendirme açısından önemi büyüktür[6].

Vergiyi doğuran olay vergi konusunun mülkiyeti, iktisabı, kullanımı, satışı, alışı, değişimi şeklinde ortaya çıkabileceği gibi veraset ve hibe gibi bir olay sonucu da gerçekleşebilmektedir. Bunlara, bir gerçek kişi tarafından gelirin elde edilmesi, ithali vergilendirilmiş bir maddenin ithalatının yapılması, mal veya hizmetin satışının yapılması, hibesi veya veraset yoluyla el değiştirmesi örnek olarak verilebilir[7].

1.2.5. Vergi Matrahı (Dayanağı)

Verginin üzerinden hesaplandığı değer veya miktar verginin matrahını ifade etmektedir. Her verginin bir matrahı vardır ve bu matrah üzerine bir vergi tarifesi uygulanır. Bu tarife bir emek ya da sermaye gelirinin tutarı olabileceği gibi, tereke veya miras payının değeri veya gümrük sınırlarını geçen mallar ya da bir harcama tutarı da olabilir[8].

Vergi konusu ile vergi yükümlüsünün varlığı ve ayrıca vergiyi doğuran olayın meydana gelmiş olması vergi uygulaması açısından yeterli olmadığından üzerinden vergi hesaplanacak matrahın açık ve net bir şekilde belirtilmesi büyük önem taşır[9].

Vergi matrahı ekonomik bir değer (kıymet) olabileceği gibi miktar da olabilmektedir. Miktarın esas alınması suretiyle vergi uygulamasına "miktar esası" ya da "spesifik vergiler", değerin esas alınması suretiyle vergi uygulamasına ise "değer esası" ya da "advalorem vergiler" denilmektedir. Bugün için uygulanan vergilerin çoğu advalorem vergilerdir. Bu vergilere örnek olarak kurumlar, servet veya servet transferi üzerinden alınan vergiler ile üretim ve tüketim üzerinden alınan vergilerin ve gümrük vergilerinin önemli bir bölümü

---

[6] Yusuf Kıldiş, **Türk Vergi Hukukunda Vergiyi Doğuran Olay**, http://www.muhasebetr.com/ozelbolum/017/, Erişim: [14.04.2009].
[7] Abdurrahman Akdoğan, **Kamu Maliyesi**, Gazi Kitabevi: Ankara, Kasım 1997, s. 129.
[8] Akdoğan, s. 122.
[9] Nadaroğlu, s. 238.

gösterilebilir[10]. Bazı vergilerde ikisi farklı kavram olmasına rağmen konu ile matrahın aynı şey olduğu görülür. Özellikle baş vergilerinde karşılaşılan bu durum, vergi konusu ve matrahının kişinin varlığı olmasından kaynaklanmaktadır.

1.2.6. Vergi Tarifesi

Vergi borcunun hesaplanabilmesi için vergi matrahına uygulanması gereken ölçüye ve ölçülerin oluşturduğu bütüne vergi tarifesi denilir. Vergi tarifesi verginin temel öğelerindendir ve tarifeyi oluşturan unsurlar, verginin matrahına ve yükümlüsünün özelliklerine göre aynı vergi için dahi değişiklikler gösterebilmektedir.

Her vergi kanunu vergi tarifesini açık ve net olarak belirtmek durumundadır. Anayasanın 73. maddesine göre, Bakanlar Kurulu kanunun belirttiği yukarı ve aşağı sınırlar içinde vergi tarifesinde değişiklik yapabilir[11].

1.2.7. Verginin Oranı (Nispeti)

Vergi oranı, vergi borcunu hesaplayabilmek için vergi matrahına uygulanan rakamdır. Niteliği itibariyle spesifik (fiziki ölçülere dayanan) veya advolarem olabilir. Belirli bir verginin oranı da mutlaka tek bir anlamı ifade etmez. Örneğin, reel oran, global oran gibi ayrımlar yapılabilir. Ayrıca, vergi oranı ile vergi matrahı arasındaki ilişkiler oranın sabit kalmasına ya da azalmasına sebep olabilir.

Bu takdirde vergileri oran açısından nisbi (oranı sabit) vergiler, ric'i nitelikli (miktarı sabit olan) vergiler, artan oranlı (müterakki) vergiler ve azalan oranlı (mütedenni) vergiler şeklinde bir ayrıma tabi tutmak gerekmektedir[12].

1.2.8. Verginin Tarh, Tebliğ, Tahakkuk ve Tahsili:

Vergi borcunun tahsil edilip ortadan kalkabilmesi için, kanunda öngörülen esaslara uyularak bazı işlemlerin yapılması gerekir. Bunlar sırası ile tarh, tebliğ, tahakkuk ve tahsil işlemleridir[13].

---

[10] Akdoğan, s. 122.
[11] **Verginin Matrahı ve Tarifesi,** http://www.muhasebedersleri.com/butce-vergi/vergi-matrahi-tarifesi.html, Erişim: [1 Mart 2009].
[12] Nadaroğlu, s. 240.
[13] Nadaroğlu, s. 240.

Tarh: Vergi Usul Kanunumuzun 20. maddesinde vergi tarhı, "Vergi alacağının kanunlarında gösterilen matrah ve nispetler üzerinden vergi dairesi tarafından hesaplanarak bu alacağı miktar itibariyle tespit eden idari muameledir." şeklinde tanımlanmaktadır. Vergileme tekniği açısından tarh, bir yükümlünün ödemesi gereken vergi tutarının hesaplanması, Hazine adına bir vergi alacağının belirlenmesi için yapılan bir idari işlem niteliğindedir. Bu işlem kural olarak vergi dairesi tarafından yapılmakta ve çeşitli şekillerde gerçekleştirilmektedir. Yükükmlünün beyanı üzerinden tarhiyat yapılması genellikle görülen uygulama olmakla birlikte; yükümlülerin vergi yasalarından doğan yükümlülüklerini ihmal etmeleri halinde; re'sen veya ikmâlen vergi tarhiyatı yapılmaktadır. Re'sen vergi tarhiyatında, ödenmesi gereken vergi doğrudan idare tarafından belirlenmektedir yani bir anlamda idare yükümlü yerine geçmektedir. İkmâlen vergi tarhı ise; daha önceki bir verginin tamamlanmasına yöneliktir. Bildirimin gerçeğe uygun bir şekilde yapılmamış olması, verginin ve matrahın hatalı olarak belirlenmiş olması vb. durumlarda eksik alınmış verginin tamamlanması söz konusu olmaktadır[14].

Tebliğ: Vergi Usul Kanunumuzun 21. maddesi tebliği; "Vergilendirmeyi ilgilendiren ve hüküm ifade eden hususların yetkili makamlar tarafından mükellefe veya ceza sorumlusuna yazı ile bildirilmesidir." şeklinde tanımlamıştır. Tebliğ yazı ile yapılmaktadır. Bu da uygulamada genellikle, posta aracılığı ile ihbarname göndermek suretiyle gerçekleştirilmektedir. Ancak, günümüz vergi tekniğinde, tarh, tebliğ ve tahakkuk işlemleri çoğu kez aynı anda hep birlikte yapılmaktadır. Örneğin, Gelir Vergisini hesaplayıp beyan eden bizzat yükümlü olduğu için posta ile tebliğine ayrıca gerek yoktur. Tebliğ bazen de belirli yerlere listeler asmak veya ilan vermek suretiyle yapılmaktadır. Ancak bu yöntemler istisnai niteliktedir[15].

Tahakkuk: Vergi Usul Kanunumuzda tahakkuk; ", tarh ve tebliğ edilen bir verginin ödenmesi gereken bir safhaya gelmesidir." şeklinde tanımlanmıştır. Tanımda bahsi geçen "*verginin ödenmesi gereken safha*" tebliğ anı mı yoksa tebliğden bir süre sonra mıdır? Yükümlü, İdarenin kendisinden habersiz olarak hesapladığı vergi borcunu tebliğ ile öğrendiğinde idare tarafından yapılan hesabın doğru olup olmadığı ya da başkaca bir maddi hatanın var olup olmadığı incelenmelidir. Dolayısıyla da verginin ödenmesi gereken bir safhaya gelmesi yani tahakkuk için tebliğden sonra belirli bir sürenin geçmesi gerekir. Bu

---

14 Akdoğan, s. 134.
15 Nadaroğlu, s. 240.

sürenin sonunda yükümlü tarafından bir itiraz yapılmamışsa vergi tahakkuk etmiş olur. Aksi durumda, yani, yükümlü çeşitli sebepler dolayısıyla hesaplanan vergi borcuna itiraz ettiğinde, bu itirazların bir kısmı vergi dairesi tarafından düzeltilebilecek türden yanlışlıklardan ise, İdare bunu kabul edip yanlışlığı düzelttiğinde vergi tahakkuk eder. Ancak, yükümlünün itiraz ettiği hususların incelenmesi bazen de yargı organlarının -vergi meselelerinde Vergi Mahkemelerinin- yetkisinde bulunabilir. Böyle bir durumda yükümlünün dava açması gerekir. Bu takdirde Vergi Mahkemesi kararının da yükümlüye tebliğ edilmesi icap eder. Şu halde verginin tahakkuk etmesi için yükümlünün ya belirli bir süre içinde itiraz etmemiş olması ya da itirazının idare tarafından karara bağlanıp bu kararın yükümlüye tebliğ edilmesi ve kesinleşmesi gerekir[16].

Tahsil: Vergi Usul Kanunumuza göre verginin tahsili, kanuna uygun surette ödenmesidir. Tahsil vergilendirmenin son aşamasıdır. Tarh, tebliğ ve tahakkuk aşamalarından geçmiş olan verginin tahsili ile birlikte vergi borcu ortadan kalkar ve vergilendirme işlemi de sona ermiş olur. Günümüzde vergi tahsili yükümlünün vergi borcunu ya doğrudan doğruya vergi dairesine veya vergi tahsili için yetki verilen bankalara ödemesi ya da veya posta ile göndermesi ile yapılmaktadır. Pul veya bondrol yapıştırılarak veya kıymetli kağıt kullanmak yoluyla ve hukuki muamelelerin belirli bir sicile tescili anında gerçekleştirilen tahsil yöntemleri de vardır.

1.3. Devletin Vergilendirme Yetkisinin Kaynağı

John Marshall "Devletin sınırsız vergileme gücü ve yetkisi, bireylerin iktisadi faaliyetlerini tahrip etme gücüne sahiptir" der. Peki devletin bu sınırsız vergileme gücü ve yetkisinin dayanağı nedir, hangi gerekçe ile devlet vergileme yolu ile özel kesimden kamu kesimine hukuki cebirle milli gelirin bir bölümünü aktarmaktadır? Bu sorunun cevabı, devletin egemenliği teorisinde yatmaktadır[17]. Öyle ki devlet, gerek finansman ihtiyacının sağlanması gerekse sosyal ve ekonomik amaçların gerçekleştirilmesi bakımından mali egemenliğinden hareketle vergilendirme yetkisini kullanmaktadır[18].

---

[16] Nadaroğlu, s. 241.
[17] Binhan Elif Yılmaz ve Murat Şeker, **Vergiye Karşı Tepkiler: Mükellef Davranışları (İstanbul Örneği)**, İSMMMO: İstanbul, 2007, s. 17.
[18] Fatih Saraçoğlu, **Vergilendirme Yetkisi ve Türkiye-Avrupa Birliği İlişkileri**, http://w3.gazi.edu.tr/web/fatihsaracoglu/dosyalar/Akademik_Calismalar/Makaleler/Makale_9.pdf, Erişim: [23.04.2009].

Millet adına egemenlik hakkı ve kudretini elinde bulunduran devletin söz konusu vergileme yetkisi, Anayasanın 73/3. fıkrasında "Vergi, resim, harç ve benzeri mali yükümlülükler kanunla konulur, değiştirilir veya kaldırılır" ifadesiyle yasallık ilkesi çerçevesinde hükme bağlanmıştır. Bu ilke doğrultusunda kural olarak vergi yetkisi yasama organına ait olsa da, ekonomik gelişmelere kolay uyum sağlanması ve çabuk karar alınabilmesi bakımından yürütme organına da verilmiştir.

Nitekim, Anayasanın 73/4. fıkrasında bu yetki "Vergi, resim, harç ve benzeri yükümlülüklerin muaflık, istisnalar, ve indirimleriyle oranlarına ilişkin hükümlerinde kanunun belirttiği yukarı ve aşağı sınırlar içinde değişiklik yapma yetkisi Bakanlar Kurulu'na verilebilir" ifadesi ile hükme bağlanmıştır.

Devletin egemenliği ve yasadan kaynaklanan emretme ve yaptırım gücünün varlığının, vergileme yetkisinin meşruluğunu ne derece desteklediğine dair ileri sürülen özellikle ortaçağdan sonra geliştirilen teoriler tarihi seyri itibariyle, *ferdiyetçi görüşe dayanan teoriler, organik devlet teorisi ve çağdaş devlet teorisidir.*

İkinci Bölüm

Vergi Psikolojisi ve Amaçları

2.1. Vergi Psikolojisi

Kamu Maliyesi alt disiplinlerinden biri olan vergi psikolojisi, kısaca kişilerin ve toplum içinde ortak çıkarları olan grupların zorunlu bir ödetme türü olan vergileri algılayışını, değerlendirişini ve bunlara bağlı olarak gösterdikleri tepkileri ifade etmektedir[19].

Tanımından da anlaşılacağı gibi vergi psikolojisi kavramı dar anlamda mali psikolojiden farklı olarak, mali araçlardan sadece vergilerin birey davranışları üzerindeki etkisini konu edinmektedir. Vergi ile insan psikolojisi arasındaki ilişkiyi analiz ederken de bu alt disiplin, yükümlünün takınacağı davranışları iki türlü ele almaktadır. Bunlardan birincisi: vergi yükümlüsünü "homo ekonomicus" olarak ele almaktır. Yani insan, doğası gereği faydasını maksimize, içsel maliyetlerini ise minimize edecek karar ve tercihleri benimser. Bu çerçevede bireyler imkanlar dahilinde daha az vergi ödemeyi ya da hiç ödememeyi tercih edecek tutum ve davranışları yeğlerler. Bu temel yaklaşım literatürde beklenen fayda teorisi olarak adlandırılmaktadır[20].

İkinci yaklaşım biçimi ise insan davranışları hakkındaki varsayımlardan uzak kalıp, insan davranışlarının altında yatan psikolojik etkenleri araştırmaktır. Burada psikolojik yöntemlerin kullanılması gerekmektedir. Literatürde "tutumsal model" (attitudinal modeli) veya "ahlaki duygular teorisi" (the theory of moral sentiments) olarak da bilinen bu yaklaşıma göre[21] asıl amaç, yükümlüler tarafından verginin nasıl algılandığı ve bu algı sonucunda davranışın oluşmasında hangi tutumların rol oynadığını anlayabilmektir[22]. Dolayısıyla bireylerin vergi ödeme(me) konusundaki tutum ve davranışlarını belirleyen etkenlerin başında psikolojik algılama gelmektedir.

Genel olarak bakıldığı zaman, yükümlülerin vergi karşısındaki tutumlarını belirleyen çeşitli ekonomik faktörler bulunmaktadır. Bunlar vergi yükü (objektif ve subjektif vergi yükü),

---

[19] Akdoğan, s. 134.
[20] Coşkun Can Aktan, Dilek Dileyici ve Özgür Saraç, **Vergilere Karşı Tepkilerin Anatomisi**, http://www.canaktan.org/canaktan_personal/canaktan-arastirmalari/kamu-maliyesi/vergi-sosyopsikoloji.pdf, 2003, Erişim: [05 Aralık 2009].
[21] Aktan, Dileyici ve Saraç, 2003.
[22] İnci User, **Vergilemenin Sosyal Psikolojik Sınırı, Yayınlanmamış Doktora Tezi**, Marmara Üniversitesi Sosyal Bilimler Enstitüsü, İstanbul, 1992, s.24-25.

vergi adaleti, gelir düzeyi, kamu harcamalarının algılanma düzeyi, ülkedeki kayıt dışı ekonomi ve yolsuzluk düzeyi, vergi yapısı, vergi denetimleri, vergi cezaları, vergi afları, vergi idaresi ve muhasebe meslek mensupları ile diğer yükümlüleridir. Bu faktörler içerisinde şüphesiz en önemli belirleyici vergi yüküdür.

Ancak onun da temelinde vergi oranı yatmaktadır. Vergi oranları ile yükümlülerin vergilemeye ilişkin tutumlarının derecesi arasında doğrusal bir ilişki olduğu söylenebilir. Çünkü vergi oranlarının dolayısıyla da vergi yükünün artması bireylerin kullanılabilir gelir seviyesini azaltmakta bu da kişiyi daha az tüketim ve tasarruf yapmaya itmektedir. Yükümlünün bunu telafi edebilmesi daha çok çalışmasını gerektirmekte bu da yükümlüde psikolojik yönden vergiye karşı bir rahatsızlık duygusu uyandırmaktadır[23].

Yükümlü psikolojisini incelerken dikkate alınması gereken bir husus da şudur ki; kişilerin anlayış ve kavrama yetileri, çeşitli anlayışların toplamından oluşan bir bütündür ve her birey için farklı farklı varyasyonlardan oluşur. Örneğin bireyci bir yapıya sahip olan ülkelerde eğitim sisteminden ve toplumun diğer kurumlarından gelen etkilerle birey, bireysel kabiliyetlerini geliştirmiştir. O birey bu kabiliyetlerinin realize edilebilmesinin karşılığı olarak devletin sağlamış olduğu altyapı yatırımlarını yeterli görür dolayısıyla da ödediği vergiyi yerinde bularak vergiye karşı daha az tepkisel davranış içine girer. Halbuki bireyselliğin gelişmemiş olduğu bir yapıya sahip olan ülkelerde, bireyin üretkenlik kabiliyetlerinin daha az gelişmiş olmasından dolayı, devletin yapmış olduğu harcamaların onun için fazla bir değer ifade etmesi söz konusu değildir. Dolayısıyla yükümlünün psikolojisi vergileri bir yük olarak anlama yönünde daha eğilimli olacaktır[24]. Vergi psikolojisine genel hatları ile kısaca değindikten sonra bu alt disiplinin amaçları hakkında da şunları söyleyebiliriz:

2.2. Vergi Psikolojisinin Amaçları

2.2.1. Vergi Politikalarını Verimli Kılma Amacı

İdeal bir vergi sisteminin üzerinde çalışılırken, hiç şüphesiz vergilerin bireylerin algı, tutum ve davranışları üzerindeki etkilerinin etraflıca düşünülmesi ve ele alınması gerekmektedir.

---

[23] Halit Çiçek, **Psikolojik ve Sosyal Yönden Yükümlülerin Vergiye Karşı Tepkileri (İstanbul İli Anket Çalışması),** İSMMMO: İstanbul, Ağustos 2006, s.42.
[24] Dicle Erdal, **Sosyo-Psikolojik Yönden Vergi Kayıp ve Kaçaklarının Nedenleri, Yüksek Lisans Tezi,** Celal Bayar Üniversitesi Sosyal Bilimler Enstitüsü, Manisa, 2011, s.42.

Vergileme ile amaçlanan hedeflere ulaşmak maksadıyla oluşturulacak olan vergi politikalarının belirlenmesinde, yükümlünün bu politikalara tepkisinin ölçülebilmesi açısından önem arz eden bu analiz, verimliliğin maksimum düzeyde sağlanması yönünde oldukça önemlidir.

2.2.2. Vergi Uyumunu Kolaylaştırma Amacı

Bir ekonomik birliğe katılan ülkelerin vergi yapılarının farklı olmasından kaynaklanabilecek olumsuzlukları ortadan kaldırmaya yönelik çaba ve uygulamalar mali terminolojide vergi uyumu, vergi ahengi, vergi harmonizasyonu gibi terimlerle ifade edilmektedir. Ekonomik birliğe katılan ülkelerin vergi yapılarının aynı olması vergi harmonizasyonu için ilk koşuldur. Aksi takdirde birliğe üye olan ülkeler diğerlerine oranla daha fazla vergi yükü ile karşı karşıya kalacağından rekabet eşitliği açısından dezavantajlı duruma düşerler. Ancak vergi yapılarının aynı olması, tek başına yeterli değildir.

Çünkü aynı vergi yapısını benimseyen birliğe dahil iki ülkede yükümlü davranışları farklı olduğu takdirde, bu ülkelerden birinde başarılı olan vergileme, diğerinde tepki ile karşılanabilir. Dolayısıyla, vergi uyumuna gidilmeden önce farklı ülkelerdeki yükümlü davranışlarının incelenmesinde yarar bulunmaktadır[25].

2.2.3. Toplumsal İlişkileri Düzenleme Amacı

Vergileme nedeniyle oluşan vergi yükünün, bireylerin kullanılabilir gelirinde meydana getirdiği kayıplar toplum içinde kimi sınıf ve gruplar arasında farklılık göstermektedir. Bu farklılık gelir dağılımında bozulmaya yol açarak beraberinde toplumsal barış zedelemektedir. Dolayısıyla kendilerini daha ağır bir vergi yükü altında hisseden veya öyle olduğuna inanan kimi sınıflar devlete ve diğer sınıflara karşı cephe alarak vergi isyanına gidebilmektedirler[26].

Toplumsal barışı, dolayısıyla da devletin varlığını tehdit eden bu isyanların önlenebilmesinde yardımcı olacak önerilerin geliştirilmesi yönünde yapılacak çalışmalar

---

[25] Çiçek, s.44-45.
[26] Adnan Gerçek, **Türkiye'de Vergi Kayıp ve Kaçaklarının Önlenmesi Açısından Vergi İdaresinin Sorunları ve Yeniden Yapılandırma Önerisi, Türkiye'de Vergi Kayıp ve Kaçakları, Önlenmesi Yolları, 19. Türkiye Maliye Sempozyumu**, Antalya, 2004, s.628.

kamu maliyesinin alt disiplinleri içinde büyük bir önem arz eden vergi psikolojisinin alanı ve amaçları içerisindedir.

2.3. Vergi Kapasitesi ve Vergilemenin Sınırı

2.3.1. Vergi Kapasitesi

Vergilemenin sınırı ile ilgili olarak ileri sürülen vergi kapasitesi, toplumun, kamu giderlerinin karşılanabilmesi açısından vergiye dayanma gücünün sınırlarını ifade etmekte ve teorik olarak yükümlülerin kendileri ve ailelerinin yaşamlarını asgari düzeyde sürdürmeye yetecek finansal gücün üzerindeki kısmı yansıtmaktadır[27].

Makro açıdan bakıldığı zaman bir ülkenin önce vergilendirilebilecek kapasitesini -buna vergi potansiyeli de denilebilir- sayısal olarak belirlemek için bazı faktörlerin ortaya konulması gerekir. Söz konusu bu faktörler temel olarak; kişi başına gelir düzeyi, ihracatın ve sektörlerin GSMH içindeki paylarıdır. Bunları veri kabul ederek ulaşılabilecek "vergi/GSMH" oranı vergi kapasitesini sayısal olarak ortaya koymaktadır[28].

Gelişmiş ülkelerde vergilenebilir kapasite gelişmekte olan ülkelerinkine oranla daha yüksektir. Gelişmekte olan ülkeler yönünden vergilenebilir kapasitenin en verimli şekilde kullanılması, bir vergi oranının uygulanabileceği en uygun vergi matrahını ifade eden vergi tutamaklarının sayısal ve oransal önemine bağlıdır.

Az gelişmiş ülkelerde vergi tutamaklarının sayısı genellikle azdır. Bunun nedeni, vergi yönetimlerinin zayıf olması ve vergi alınabilecek kesim ve matrahların sınırlı olmasıdır. Dolayısıyla vergilenebilir kapasite de sınırlı olmaktadır[29].

Teorik olarak ise marjinal analizle vergi kapasitesi, verginin marjinal sosyal faydasının marjinal sosyal maliyetine eşit olduğu noktaya göre tayin edilebilir[30]. Vergilemeye, verginin marjinal sosyal faydası marjinal sosyal maliyetine eşit oluncaya kadar devam edilir. Bu noktada verginin net sosyal faydası sıfırdır.

---

[27] Akdoğan, s. 157.
[28] Fatih Saraçoğlu, **Vergilendirmede Yeni Dönem ve Yeni Dönemde Vergilendirme Stratejisi**, Vergi ve Muhasebeciyle Diyalog, Sayı: 201, Ocak 2005, s. 83.
[29] Çiçek, s. 30-31.
[30] Akdoğan, s. 158.

Verginin toplam faydası bu noktadan sonra azalmaktadır ve dolayısıyla bu nokta vergi kapasitesinin sınırıdır[31]. Özetle, vergi kapasitesi ülke düzeyinde tüm yükümlülerin vergi ödeme güçlerinin toplamı şeklinde ifade edilmekle birlikte, bu güç toplumun vergi ödeme gücünün başladığı nokta olarak da belirtilebilir[32].

2.3.2. Vergilemenin Sınırı

Çeşitli ülkelerin vergi yapıları incelendiğinde; sonuçlar ülkeden ülkeye farklılık gösterse de göze çarpan ortak özellik, milli gelir içinde II. Dünya Savaşından günümüze kadar olan sürede vergilerin ve kamu harcamalarının aşırı büyüme göstermesidir. Bu ise "Vergilemenin sınırı nedir?" "Vergiler ne yükseklikte konulabilir?" "Vergilerin ne kadar yüksek olabileceği hakkında bir şeyler söylenebilir mi?" şeklinde bazı genel soruları beraberinde getirmiştir[33].

Hiç kuşkusuz vergi, zorunlu bir yükümlüktür ve devletin egemenlik hakkına dayanılarak alınmaktadır. İbn-i Haldun devletin bu hakkını fiili bir güç üstünlüğüne bağlamaktadır ve bu gücün dayanağı da yasalardır. Maliye tarihinde "temsilsiz vergi olmaz" sözüyle[34] bu yetkinin kullanılmasının iktisadi, siyasi, kültürel, hukuki, psikolojik ve mali sınırları çizilmiştir. Şimdi bu sınırları kısaca ele alalım.

2.3.2.1. Vergilemenin İktisadi Sınırı

Anayasal çerçevede verginin mali güce göre alınmasını öngören, dolayısıyla da vergi salma yetkisini hukuki yönden sınırlayan bir hüküm olmasa da, vergileme yetkisinin mutlaka bir sınırı olacaktır ve bu sınır iktisadi sınırdır. Peki bu sınır sayısal olarak belirlenebilir mi? İktisatçılar öteden beri bu konu üzerinde düşünmüşler ve çeşitli görüşler ileri sürmüşlerdir[35]. Bu konuyla ilgili ilk öneriyi fizyokratlar ortaya atmış ve alınacak verginin kesinlikle yükümlünün şahsi gelirinin %20 sini geçmemesi gerektiğini belirtmişlerdir. Fransız iktisatçısı Pau-Leroy Beaulieu ise bu oranın %12-15 arasında kalması gerektiğini savunmuştur. Çağdaş iktisatçılardan Colin Clark da ötekilerden farklı olarak; vergilemenin

[31] Çiçek, s. 30.
[32] Çiçek, s. 31.
[33] Timur Turgay, **Vergilemenin Sınırları**, http://www.canaktan.org/ekonomi/anayasal_iktisat/diger_yazilar1/buchanan-timurturgay-vergileme-sinirlari.pdf, Erişim: [17 Ocak 2008].
[34] Abdullah Mutlu, **Tanzimattan Günümüze Türkiye'de Vergileme Zihniyetinin Gelişimi**, M.B. Strateji Geliştirme Başk., Ankara, 2009, s. 34.
[35] Nadaroğlu, s. 287.

sınırını, yükümlünün şahsi gelirini göz önünde tutmak yerine toplam vergi hasılatını milli gelir ile irtibatlandırarak milli gelirin %25 i olarak hesaplamıştır[36].

İktisatçılar rakamsal sonuçlar vererek görüşlerini ortaya dökse de vergilemenin iktisadi sınırının ne olması gerekeceğini önceden belirlemek mümkün değildir. Çünkü bu sınır, ülkelerin gelişmişlik düzeyine, kişi başına düşen gelire, ekonomik sistemin çeşidine, siyasal ve konjonktürel yapıya, bürokratların hedef ve programlarına, sosyal ve psikolojik yapısına ve diğer birçok faktöre bağlı olarak oluşmaktadır[37].

2.3.2.2. Vergilemenin Siyasi Sınırı

Vergilemenin siyasal sınırı, demokratik yapının aktörlerinden olan siyasi partilerin oy kaybı endişesine dayanmaktadır. Hükümetler ve vatandaşlar arasındaki ilişkilerin belirlediği bu sınırın somut olarak önceden saptanması elbette ki mümkün değildir. Ancak kamuoyu yoklamaları tekniğinde gerçekleştirilen gelişmeler sayesinde oyların artık ne zaman ve hangi sebeple düşmeye başladığının az bir hata payı ile tespit edilmesinin mümkün olması ile oyların düşmeye başladığı noktadan bir önceki fiili durum vergilemenin siyasal sınırı olarak kabul edilmektedir[38]. Çünkü bir sonraki adımda vergilemeye ilişkin nedenlerle oy potansiyelinde azalış olacaktır. "Vergiler ayakkabılar gibidir; yenisi ayağı sıkar eskisi rahatsızlık vermez." ifadesi seçmen davranışlarının gözlenmesi sonucu siyasi iktidarların vergileme politikası halini almıştır. Siyasi partilerin bu tutumu seçim sonrası ilk yıllarda yeni bir vergi konması ya da bir verginin oranının arttırılması, sonraki yıllarda ise seçime yaklaşıldıkça vergi oranlarında herhangi bir artışa gidilmemesi ya da yeni vergiler konulmaması ile hala geçerliliğini korumaktadır[39]. Bununla beraber siyasi partiler, verginin siyasi sınırını zorlamak yerine, (i) yükümlü tarafından az hissedilen Katma Değer Vergisi ve Özel Tüketim Vergisi gibi dolaylı vergilere yönelerek (ii) oy maksimizasyonu açısından tehdit içermeyen ekonomik birimleri diğer ekonomik birimlere göre daha yüksek oranda vergilendirerek (*gümrük vergileri gibi*) (iii) kararsız seçmenlerin vergi yükünü azaltıp, özellikle kendi partilerini desteklemeyen seçmenlerin vergi yükünü artırarak vergi gelirlerinde ve oy potansiyelinde muhtemel azalışı önleme yoluna gidebilirler[40].

---

[36] Nadaroğlu, s. 287.
[37] Çiçek, s. 34.
[38] Nadaroğlu, s. 289.
[39] Biberoğlu, s. 20.
[40] Naci Tolga Saruç, **Vergi Uyumu: Türkiye ve Dünyada Güncel Gelişmeler**, Akademisyen Yayınevi: Ankara, 2013, s.34.

Vergilendirmenin siyasal sınırının belirlenmesinde bazı ekonomistler, siyaset bilimini ekonomi bilimi ile ilişkilendirerek Laffer Eğrisinden elde edilen temel ekonomik bulguları yol gösterici olarak kullanmışlardır. Laffer Eğrisi oy maksimizasyonuna ulaşmak isteyen rasyonel politikacıların vergi oranlarını, vergilemeden doğan refah kayıpları nedeniyle, eğrinin azalan kısmında değil de artan kısmına tekabül eden alanda tutmak isteyeceklerini kendileri açısından bir sınır olarak kabul edeceklerini öngörmektedir[41].

2.3.2.3. Vergilemenin Sosyo-Kültürel Sınırı

Vergilemenin sosyo-kültürel sınırı toplumların iktisadi gelişmişlik düzeyleri ve sosyal yapılarından kaynaklanan bazı özel durumlarca belirlenebilmektedir. Örneğin kalkınmasını tamamlayan ülkelerde vergi gelirlerinin GSMH içindeki payı az gelişmiş veya gelişmekte olan ülkelere oranla daha yüksektir. Çünkü gelişmiş ülkelerde hem milli gelir hem de kişi başına düşen gelir oldukça yüksektir. Dolayısıyla bu ülkelerde vergilemenin sınırının biraz yukarılara çekilmesi fazla bir tepki yaratmayacaktır.Gelişmekte olan ve az gelişmiş ülkelerde ise durum tam tersidir. Bu nedenle vergilemenin yükümlünün hem tüketim imkanlarını olumsuz yönde etkilemeyecek hem de tasarruf ve sermaye birikimini engellemeyecek sınırlar içinde kalması gerekmektedir[42].

Toplumu oluşturan ırksal özellikler ve kültürel seviye de vergilemede sınırın saptanmasında etkili olmaktadır. Örneğin yaygın bir kanıya göre; Anglo-Sakson ve Nordik (İskandinav) halkları vergiyi oldukça anlayışla karşılamaktadır[43] ve vergiyi ödev, aidat ve yardım olarak algıladıklarını İngilizce: *tax, duty*; Almanca: *abgabe, steuer*; İsveçce: *skat* kelimelerinin anlamları ile göstermektedirler. Latin ırkı ise ampirik bazı araştırmaların gösterdiği sonuçlara göre vergiye karşı devamlı büyük bir tepki duymaktadırlar. Vergiye verdikleri adlar da bu doğrultuda "rahatsız edici, yük" anlamına gelen Fransızca: *impot; italyanca imposta*; İspanyolcada ise *impuesto* kelimeleridir[44].

Günter Scmölders Türkiye'de yaptığı bir konuşmada "vergi" kelimesini kendiliğinden bağışlanan, "salma" kelimesinin ise zorlama yoluyla hazineye sağlanan tutarları ifade ettiğini hatırlatarak bu anlamda Türk kültürünün genel olarak vergiye sadık ve uygar

[41] Çiçek, s. 32-33.
[42] Nadaroğlu, s. 201.
[43] Çiçek, s. 33.
[44] Biberoğlu, s. 23.

olduğunu, bu yaklaşımında da İslami zekât yükümlülüğünün büyük etkisi olduğunu belirtmiştir[45].

2.3.2.4. Vergilemenin Hukuki Sınırı

Daha önceki açıklamalarımızda da belirttiğimiz gibi tek taraflı emretme ve zorlama gücünün kaynağı olan devletin egemenliği her şeyden önce anayasalarla sınırlanmış ve bu gücün kullanılması bazı koşulların gerçekleşmesine ve belli bazı kurallara bağlanmıştır. Dolayısıyla anayasalarda bireyler için öngörülen haklar aynı zamanda devletin egemenliğinin sınırını da belirlemektedir. Zira, anayasalardaki temel haklar, kişisel haklar, sosyal ve ekonomik haklar, siyasal haklar devletin egemenliğinin güvencesi altındadır. Ancak anayasalarda hakların yanı sıra kişiler için ödevler de öngörülmektedir. İşte devlet bu ödevlerin yerine getirilmesini sağlamak amacıyla anayasalarda öngörülen sınırlar içinde kalmak ve hakları zedelememek koşuluyla egemenliğini kullanabilir[46]. Nitekim 1982 anayasasının 73. Maddesinde yer alan hükme göre; "herkes kamu giderlerini karşılamak üzere, mali gücüne göre, vergi ödemekle yükümlüdür" ifadesi bunun bir göstergesidir. O halde denilebilir ki anayasal dayanağı kamu giderlerini karşılamak olan vergilemede verginin miktarı ödeyenin mali gücü ile orantılı olmalı ve yasa ile alınmalıdır.

2.3.2.5. Vergilemenin Psikolojik Sınırı

Vergilendirme kişileri bir bütün olarak etkileyen ekonomik nitelikli bir araç olarak karşımıza çıksa da vergi koymanın kendi getirisini büyük ölçüde düşürecek kadar yükümlü davranışını değiştirebilmesi ve hatta vergi politikalarını değiştirecek kadar insanların vergiden kaçınmak için yollar araması nedeniyle psikolojik yönü ile de ele alınmak zorundadır[47]. Bu anlamda vergi ve insan psikolojisi arasındaki ilişkiyi analiz eden yazarlardan Günter Schmölders vergilemenin sınırlarının her şeyden önce psikolojik nitelikte olduğunu savunmuştur. Dolayısıyla da vergilemede optimum seviyenin, psikolojik şartlar tarafından belirlenen dar kapsamlı bir sınır içinde kaldığını ileri sürerek bu sınırın da bütün toplumlarda farklı olup bireylerin devlete karşı olan tavrına ve vergi zihniyetine bağlı olduğunu ifade etmiştir[48]. Reynaud da vergilemede psikolojik sınırın önemini vurgulamış ve bu manada maliyenin iki

---

[45] User, s. 21.
[46] Nadaroğlu, s. 286.
[47] Cemalettin Uçak, **Vergilendirme Psikolojisi**, Vergi Dünyası, Sayı: 189, Mayıs 1997, s. 13.
[48] Nadaroğlu, s. 291.

büyük prensibi olan verimlilik ve adaletin büyük ölçüde psikolojik hususlara bağlı olduğunu ifade etmiştir[49].

Vergilemede bireyleri vergi ödemeye sevk eden veya vergi ödemekten caydıran faktörler arasında önemli bir yere sahip olan psikolojik faktörün etkisinin ölçüsü yükümlülerin davranışlarında mali verimliliği azaltacak ya da istenmeyen etkiler meydana getirmeyecek nokta olarak karşımıza çıkmaktadır. Dolayısıyla bu sınır, yükümlülerin tahammül edebileceği seviyede kamu kesimi için bir üst sınır çizmektedir[50]. Ancak belirtmek gerekir ki yukarıda da ifade ettiğimiz gibi vergilemenin psikolojik sınırı her ekonomiye, ele alınan şartlara göre ve vergiden ne beklendiğine bağlı olarak değişiklik göstereceğinden sınırı kesin rakamlarla ifade etmek mümkün değildir.

2.3.2.6. Vergilemenin Mali Sınırı

Anayasanın 73. Maddesinin birinci ve ikinci fıkralarında ifade edildiği üzere; "Herkes, kamu giderlerini karşılamak üzere, mali gücüne göre vergi ödemekle yükümlüdür. Vergi yükünün adaletli ve dengeli dağılımı, maliye politikasının sosyal amacıdır." O halde hiçbir ayrım yapılmaksızın mali gücü olan herkes genel vergi yüküne mali gücü nispetinde katılmak zorundadır. Buradaki mali güç kavramı mali sınırı ifade etmektedir.

Devlet otorite gücüne dayanarak gelir ihtiyacını karşılamak amacıyla vergiler koyma, uygulanmakta olan vergilerin oranlarını arttırma ya da istisna ve muafiyetlerde daraltmaya gitme gibi düzenlemeleri yaparken sınırsız bir keyfilikte davranamaz. Bu durum, vergilemenin mali sınırı ile ilgilidir. Bu kavramı vergi optimumu ile açıklayacak olursak; vergi optimumu, toplam net hasılatı veren verginin toplam hasılatı ile toplam maliyeti arasındaki farkın en yükseğe ulaştığı noktadır. Bu nokta aşıldığında, gayrisafi hasılat artsa bile, safi hasılatta azalma başlamaktadır.

Bu nokta, Alman maliyeci Gerloff tarafından "vergi hasılatı kanunu-vergi masrafları kanunu" olarak adlandırılmıştır. Vergi toplama giderlerinin mali gücü düşük olanları da kapsayacak şekilde vergi tabanının genişletilerek yükümlülerin sayısının artmasına bağlı

---

[49] Çiçek, s. 36.
[50] Doğan Şenyüz, **Vergilemede Yükümlü Psikolojisi**, Bursa, 1995, s. 21-22.

artması, hasılatın da vergi oranlarındaki artıştan daha düşük oranda artmasıyla sonuçlanacaktır ki, bu durum vergilemenin mali sınırı ile ilgilidir[51].

David Hume "vergilemede çoğu zaman iki kere iki dört değil, bir eder." sözü ile mali sınırın bir ölçüde elastiki olduğunu ileri sürmüştür. Fakat bu esneklik, vergi oranlarındaki artışla düz orantılı olmayabilir. Çünkü, yeni bir vergi konulduğunda veya mevcut bir verginin oranı yükseltildiğinde yükümlüler vergiden kaçınabilmek için bazen tüketimden vazgeçmekte, bazen ikame imkanı olan daha düşük vergiye tabi malların tüketimine yönelmekte, bazen de karakterinin ve imkanlarının elverdiği ölçüde vergi kaçırmanın yollarını denemektedir. Bu davranışlar vergilemenin mali sınırı kavramı ile açıklanmaktadır. Bu sınır da, var olan verginin oranının arttırılmasına rağmen, vergi gelirlerinde artık bir artışın görülmediği veya yeni konulan bir vergiye rağmen vergi hasılatında bir değişikliğin olmadığı noktadır.

Amerikalı iktisatçı Arthur Laffer vergi oranı ile vergi hasılatı arasındaki bu ilişkiyi kendi adıyla anılan diyagramda açıklamıştır. Laffer Eğrisinde öngörülen hipoteze göre, vergi oranları yükseltilince vergi gelirleri de bir noktaya kadar artar ve vergi hasılatı *laffer tepesi* (Grafik 1) adı verilen optimum düzeye ulaşır. Ancak bu noktaya ulaştıktan sonra vergi oranları arttırılırsa vergi gelirleri artmaz; aksine düşmeye başlar[52].

Grafik 1 Laffer Eğrisi

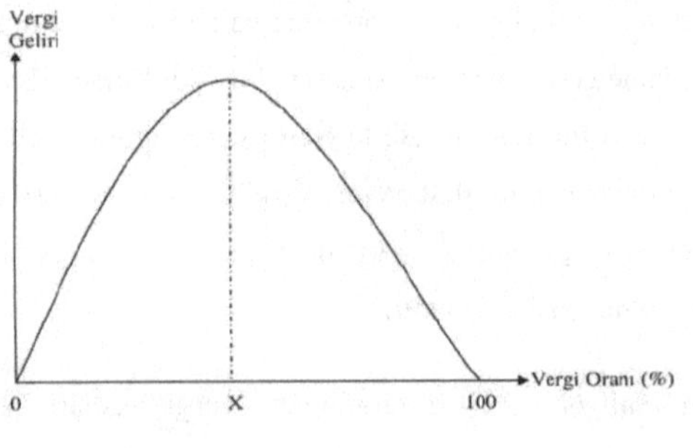

Kaynak: Tahsin Karabulut, **Laffer Eğrisinin Türkiye Uygulaması,** http://www.sosyalbil.selcuk.edu.tr/sos_mak/articles/2006/16/TKARABULUT.PDF, Erişim: [10 Şubat 2009].

[51] Çiçek, s. 35.
[52] Nadaroğlu, s. 289.

2.3.2.6.1. Vergi Yükü

Vergi yükü, toplumun kamu giderlerini karşılama yükümlülük ve gayretinin bir göstergesidir. Ancak bu gayretin ölçülmesinde servet ile bağlantı kurulmadan yalnızca gelir dikkate alınmaktadır. Bu yönüyle ödeme gücünün göstergesi sayılan servetin yapılan hesaplamada dikkate alınmaması vergi yükü kavramının sınırlı bir gösterge olmasına neden olmaktadır[53].

Çok belirleyici olmamakla birlikte, mali terminolojide, ödenen vergilerin gelire oranı şeklinde ifade edilen vergi yükü, yükümlülerin vergiye karşı tepkilerinin belirlenmesi açısından önemli bir araçtır ve vergi politikası ile ilgili düzenlemeleri desteklemek veya reddetmek ve vergi sistemindeki vergi ahenkleştirmesi çalışmalarını savunmak veya kabul etmemek gibi kararların alınmasında bir karar girdisi olarak yer almaktadır[54].

Yükümlü üzerinde yarattığı etkiler açısından incelendiğinde bu vergi yükü, subjektif ve objektif vergi yükü olarak sınıflandırılmaktadır.

2.3.2.6.1.1. Subjektif Vergi Yükü

Bireylerin ekonomik güçlerinde bir azalma meydana getiren vergi ödemesi şüphesiz bir yüktür. Vergi yükümlüleri de bu azalmadan etkilenmekte ve verginin ödemesine karşı olumsuz bir tavır almakta ya da isteksiz davranmaktadırlar. Yükümlülerin vergi ödemekten dolayı hissettiği bu yüke *subjektif vergi yükü* denmektedir ve adedi olarak hesaplanması mümkün değildir. Çünkü bu, iktisadi bir olayın sebep olduğu psikolojik bir tazyiktir. Bu tazyikin yükümlü tarafından nasıl ve hangi ölçüde hissedildiği vergi ödeyenin psikolojik algısına bağlıdır[55].

2.3.2.6.1.2. Objektif Vergi Yükü

Yükümlülerin belirli bir dönemde devlete ve diğer kamu tüzel kişilerine yaptıkları ödemeler ile aynı dönemde elde ettikleri gelirler arasındaki ölçülebilir oransal ilişkiye *objektif vergi yükü* denmektedir ve sayısal bir değeri ifade etmektedir. Buna göre aynı gelir düzeyine sahip

---

[53] Abdullah Tekbaş ve Gökhan Dökmen, **Türkiye'de Vergi Yükünün Bölgesel Dağılımı,** Maliye Dergisi, Sayı: 153, Temmuz-Aralık 2007, s. 196.
[54] İsmail Türk, **Kamu Maliyesi**, Güncelleştirilmiş 4. Basım, Turhan Kitabevi: Ankara, 2002, s. 214.
[55] Nadaroğlu, s. 262.

kişiler, aynı miktarda vergi ödemesinde bulundukları zaman vergi yükleri eşit olacaktır[56]. Vergi yükü kavramı vergiyi ödeyen bireyler açısından değerlendirilebileceği gibi ekonominin tümü

açısından da değerlendirilebilir. Bu takdirde karşımıza toplam (global), bireysel, net, gerçek ve sektörel vergi yükü kavramları çıkmaktadır.

2.3.2.6.1.2.1. Toplam Vergi Yükü

Toplam vergi yükü, bir ülkede belirli bir dönemde toplanan vergilerin, ülkenin o dönemdeki toplam hasılatına oranını ifade etmektedir. Vergi ve benzeri ödemelerle toplum gelirleri arasında kurulan ilişkiyi analiz eden toplam vergi yükünün anlamlı bir rasyo olabilmesi için pay ve payda değerlerinin hangi faktörler olması gerektiğinin doğru bir biçimde tanımlanması gerekmektedir[57]. Buna göre toplam vergi yükü şöyle hesaplanabilir:

Toplam Vergi Yükü = Toplam Ödenen Vergiler / Gayrisafi Milli Hasıla

Vergi ödeyenlerin toplam refah kaybı, kamu hizmetlerine yönelik devlet harcamalarından yararlanan kişilerin toplam refah artışının gerisinde kalıyorsa vergi yükünün yararlı olduğu söylenebilir[58].

2.3.2.6.1.2.2. Kişisel Vergi Yükü

Kişisel vergi yükü, yükümlülerin belirli bir dönemde ödedikleri vergilerin aynı dönemde elde ettikleri gelire oranıdır. Kişisel vergi yükünün hesaplanmasında yükümlülerin vergi ödeme nedeniyle hissettiği psikolojik baskı kişilerin gelirlerine, zevk ve alışkanlıklarına, ahlaki değerlerine ve özel durumlarına göre değişiklik gösterdiği için, ölçülen değerler kesin hüküm bildirmemektedir[59]. Kişisel vergi yükünün hesaplanmasını formüle edecek olursak:

Kişisel Vergi Yükü = Kişinin Ödediği Tüm Vergiler / Kişinin Geliri

---

[56] Çiçek, s. 54-55.
[57] Tekbaş ve Dökmen, s. 196.
[58] Biberoğlu, s.13.
[59] Musa Kazım Ünver, **Vergi Yükü Kavramı ve Ülkemizdeki Durumu**, Yaklaşım Dergisi, Sayı:16, Kasım 2004, 16, s. 13.

2.3.2.6.1.2.3. Net Vergi Yükü

Net vergi yükü ile devletin aldığı kamu gelirlerinden ne kadarının net olarak elinde kaldığı, yani bu gelirlerden ne kadarının tasarruf edildiği anlatılmak istenmektedir. O halde net vergi yükü, devletin topladığı vergi ve vergi benzeri gelirlerden, kişilere yaptığı transfer harcamalarının ve mali yardımların çıkarılması sonucu kalan kısmın milli gelire oranı şeklinde tanımlanabilir. Buna göre net vergi yükü şu şekilde hesaplanabilir:

Net Vergi Yükü = Ödenen Vergiler – Kamu Hizmetlerinden Sağlanan Fayda / Gelir

2.3.2.6.1.2.4. Gerçek Vergi Yükü

Gerçek vergi yükü net vergi yükünün biraz daha genişletilmiş halidir. Daha açık bir ifadeyle, yükümlülerce belirli bir dönemde ödenen vergiler ile yansıyan vergilerden, devlet ve diğer kamu tüzel kişilerince o dönemde yapılan kamu hizmetlerinden sağlanan faydaların ve yansıtılan vergilerin düşülmesi sonucu elde edilen değerin gelire oranıdır. Gerçek vergi yükünün hesaplanmasında vergilerle sağlanan fayda ve zararları saptamak kolay olmadığından bazı güçlükler yaşanmaktadır[60].

Gerçek vergi yükünün hesaplanmasını formüle edecek olursak;
Gerçek Vergi Yükü=GVy
Ödenen Vergiler= Vo
Yansıyan Vergiler=Vyn
Kamu Hizmetlerinden Sağlanan Fayda=Fkh
Yansıtılan Vergiler=Vynt
Gelir=G

$$GVy = [\,(Vo + Vyn) - (Fkh - Vynt)\,] / G$$

2.3.2.6.1.2.5. Sektörel ve Bölgesel Vergi Yükü

Belirli bir sektörden elde edilen gelir ile bu sektörün ödediği vergi arasındaki oransal ilişki, sektörel vergi yükünü verir. Böylece, ekonomide bir sektörün (hizmet sektörü, ihracat sektörü, vb) üzerindeki vergi yükü hesaplanmış olur. Bölgesel vergi ise, ülkenin çeşitli

60 Biberoğlu, s.15.

bölgelerinin her birinden alınan vergilerin, o bölgedeki yükümlülerin elde ettiği gelire oranlanmasıyla hesaplanır. Bölgesel vergi yükü hesaplaması; ekonomik, sosyal ve coğrafi yönlerden homojen olan bölgeler için yapılır ve yapılan bu hesaplama ile vergi yükü dengesizlikleri ve bölgesel kalkınma konusunda rasyonel karar alma ve karşılaştırma yapabilme noktasında gerekli veriler elde edilmiş olmaktadır[61].

[61] Tekbaş ve Dökmen, s.198.

Üçüncü Bölüm

Vergi Direnci ve Vergiye Gönüllü Uyum

3.1. Vergi Direnci ve Yükümlülerin Vergiye Karşı Tepkisel Davranışları

Vergi direnci (vergi uyumsuzluğu) (tax noncompliance, taxpayer noncompliance), yükümlülerin vergiye ilişkin yükümlülüklerini kasti olarak veya bilgi eksikliği, yanlış anlama, dalgınlık ve benzeri kasıt unsuru içermeyen nedenlerle tam ve eksiksiz veya zamanında yerine getirmemeleridir. Dolayısıyla vergiye direnç, vergi yükümlülüğünün daha çok, cezai müeyyidelere de konu olan bilerek düşük gösterilmesini kapsadığı gibi yanlış bilgilendirme, yanlış anlama, dalgınlık ve benzeri kasıt unsuru içermeyen nedenlerden kaynaklanan düşük gösterilmesini de kapsamaktadır[62].

Ancak burada belirtmek gerekir ki, yükümlünün vergi mevzuatındaki gri noktaları tespit ederek ödemesi gereken vergi miktarını azaltması anlamına gelen vergiden kaçınma olgusu, vergiye direnç kapsamında değerlendirilmemektedir[63]. Olumsuz bir davranış biçimi olarak değerlendirilen vergi direncinin yükümlüler tarafından dışa vurum şekilleri, genel olarak aktif ve pasif tepki şeklinde ortaya çıkmaktadır.

3.1.1. Vergiye Karşı Aktif Tepki

Vergiyi bir yük olarak algılayan ve her fırsatta bundan kurtulmak için çeşitli arayışlar içine giren yükümlüler, bu tepki aşamasında en çok, vergi kaçırma gibi, yasalara aykırı olan ve hukuki platformda mali bir suç olarak değerlendirilen eylemlere başvurmaktadırlar.

3.1.1.1. Vergi Kaçakçılığı

Vergi kaçakçılığı, yükümlülerin daha az vergi ödemek veya hiç ödememek amacıyla vergi kanunlarına aykırı hareketle vergi ile ilgili yükümlülüklerini kısmen veya tamamen yerine getirmemeleridir[64].

---

[62] Mehmet Tuncer, **Hükümet-Birey İlişkilerinin Vergi Uyumuna Etkisi ve Türkiye,** http://dergiler.ankara.edu.tr/dergiler/42/467/5364.pdf, Erişim: [25 Şubat 2009].
[63] Serkan Benk ve Tamer Budak, **Vergi Uyumunda Paradigma Dönüşümü: Neoklasik Perspektiften Bütüncül Yaklaşıma Geçiş**, *Gazi Kitapevi: Prof. Dr. Metin Taş'a Armağan*, 2015, s.167.
[64] Celal Çelik, **Vergi Kaçakçılığı ile Mücadelede Alınması Gereken Önemli Tedbirler,** Vergi Dünyası, Sayı: 284, Nisan 2005.

Vergiye karşı bireysel bir reaksiyonun ifadesi olan vergi kaçakçılığı, kimi zaman kasıtsız olarak da ortaya çıkabilmektedir. Daha açık bir ifadeyle; yükümlüler, vergiye konu olacak herhangi bir faaliyetlerini beyan etmediklerinde, vergi kaçırmak amacında veya vergi kaçırdıklarının bilincinde olmayabilirler. Ancak; hemen belirtmek gerekir ki, yasalar belli durumlarda kastın varlığını temel ilke olarak kabul ettiğinden, böyle durumlarda yükümlü kasıtlı olarak vergi kaçırmış olmadığını yargı önünde savunmak ve kanıtlamak zorundadır[65].

Mali bir suç olan ve devlet gelirlerinin beklenen düzeye ulaşmamasında önemli bir rol oynayan vergi kaçakçılığı genel olarak, marjinal vergi oranlarının yüksekliği, vergi yükünün dağılımı, vergilemede adaletsizlikler, vergi mevzuatının ekonomik-sosyal-mali ihtiyaçlara cevap vermemesi, istikrarın olmaması, vergilemenin kayıt düzeyi gerektirmeyen götürü usul gibi yöntemlere dayanması, vergi incelemelerinin yetersizliği, devlet yönetiminde memnuniyetsizlik, kamu hizmetlerinde etkinsizlik, vergi cezalarının düşüklüğü ve tam olarak uygulanamaması, vergi aflarının sıklığı, yükümlülerde vergi ahlakının ve vergi bilincinin yerleşmemiş olması ve referans gruplarının davranışı gibi faktörlerin etkisiyle ortaya çıkmaktadır[66]. Ayrıca, "*vergi mahremiyeti*" düzenlemesinin ülkemizde abartılı biçimde uygulanmasının da vergi kaçakçılığına hizmet ettiğini söylemek mümkündür. Bu düzenleme, adeta vergi kaçakçılarını koruyan bir zırh olarak işlev görmektedir[67].

Yapılan ampirik bir çalışmada yükümlülere vergi kaçakçılığının en önemli nedeninin ne olduğu sorusu sorulduğunda; 494 yükümlüden 65'i (%13.2) vergi oranlarının yüksek olmasını gösterirken, bu sayıya oldukça yakın olarak 56 (%11.3) yükümlü denetimin yetersiz olmasını göstermiştir. Yükümlülerin yarıya yakını ise (%48.6) ödenen vergilerin kamusal hizmet olarak geri dönmemesinin vergi kaçakçılığının en önemli nedeni olduğunu belirtmiştir. Son olarak geriye kalan %26.9'luk kesim ise cezaların yetersizliğini ileri sürmüştür[68].

---

[65] İnci User, **Davranış Araştırmaları İçinde Vergi Kaçakçılığı,** http://archive.ismmmo.org.tr/docs/malicozum/26MaliCozum/14-YrdDocDr%C4%B0nciUser68.doc, Erişim: [23 Ocak 2009].
[66] A. Kerim Gök, **Vergi Direncinin Gelişimi**, Marmara Üniversitesi İİBF Dergisi, Cilt: XXII, Sayı: 1, 2007.
[67] M. Mustafa Erdoğdu vd. Political Economy of Tax Evasion and Tax Loss in the Real Estate Sector: A Property Tax Reform Proposal for Turkey, M. Mustafa Erdoğdu ve Bryan Christiansen (Der.), **Handbook of Research on Public Finance in Europe and the MENA Region**, IGI Global, Hersley, 2016, ss. 268-298.
[68] Fatih Saraçoğlu, Özge Çelik ve Murat Gökkaya, **Vergi Kaçakçılığı –Denetim Olasılığı ve Cezalar: Anket Sonuçlarının Analizi,** Vergi Raporu Aylık Maliye, Ekonomi ve Hukuk Dergisi, Sayı: 103, Nisan 2008.

Genel bir ifade ile pek çok kaynaktan beslenen vergi kaçakçılığı ulusal düzeyde önemli ve aşılması gereken bir sorun olmakla birlikte küreselleşme süreci ile birlikte uluslararası finansal işlemlerin kolaylaşması, ticarete konu olan bazı malların mobilitelerinin artması ve sermayenin daha hareketli ve oynak hale gelmesi ile bütün ülkeleri ilgilendiren küresel bir sorun olarak da karşımıza çıkmaktadır.[69]

3.1.2. Vergiye Karşı Pasif Tepki

Vergilerin, yükümlü davranışları üzerinde telafi (gelir) etkisi ve ikame etkisi olmak üzere iki farklı yönde etkisi vardır. Literatürde "*homo ekonomicus*" olarak adlandırılan ekonomik insan, sınırsız ihtiyaçlarının karşılanmasında ya da gelir getirici faaliyetlerinin finansmanında kullanılmak üzere, olabildiğince fazla kaynak yaratmak arzusundadır. Kaynak yaratma yöntemlerinden birisi de vergileme gibi zorunlu kayıpların gelirinde yarattığı eksilmeyi daha çok çalışarak gidermektir. Bu durum literatürde gelir etkisi olarak adlandırılmaktadır. Ancak kişi, daha çok çalışmasının sonucunda elde ettiği kazancın ağır vergiler altında eridiği düşüncesiyle bir müddet sonra çalışma arzusunu kaybederek aylaklığı tercih edebilir. Bu durum da gelirin ikame etkisidir ve yükümlünün dolaylı ve pasif tepkilerindendir.

Pasif tepki aşamasında yükümlüler aylaklığı tercih etmenin yanı sıra tüketimi kısma, üretimden vazgeçme, yatırımları erteleme, vergiden kaçınma, baskı gruplarının yardımını isteme, geç ödeme ve vergi grevi gibi yasalara aykırı olmayan davranışlar da sergileyebilmektedirler.

3.2. Gönüllü Vergi Uyumu

Gönüllü vergi uyumu, vergi gelirlerinin arttırılması, vergi uygulamalarında adalet ve etkinliğin sağlanması, vergi bilincinin oluşturulması ve vergi politikalarından beklenen sonuçların alınabilmesi açısından oldukça önemlidir. Kısaca vergiye direncin karşıtı olarak, vergi ödeme istekliliğini ifade eden bu kavram, Türk vergi terminolojisinde daha kapsamlı olarak, "vergiye ilişkin yükümlülüklerin, yükümlülerce tam olarak yerine getirilmesi ve vergi beyannamelerinin cari vergi kanunları ve ilgili diğer mevzuat çerçevesinde eksiksiz olarak, zamanında ilgili mercilere verilmesidir" şeklinde tanımlanmaktadır[70]. Örneğin, gelir

---

[69] Benk ve Budak, s.165.
[70] Niyazi Özperhiz, **Vergi Uyumu ve Ülkemizde Vergi Uyumunun Arttırılmasına Yönelik Öneriler**, Vergi Dünyası, Sayı 283, Mart 2005, s. 90.

vergisi uygulamasında, bir yükümlünün gelirinin tamamını beyan etmesi ve beyanı dahilinde ödemesi halinde, bu yükümlünün vergi uyumu %100 dür ve bu istenilen bir durumdur.

Vergi uyumu davranışına ilişkin olarak yükümlülerin genel olarak eğilimi literatürde "suç ekonomisi paradigması" olarak da ifade edilen, vergi ödeme ya da ödememe noktasındaki kararlarının vergi denetim ve cezalarıyla ilişkili olduğunu savunan neoklasik vergi uyumu paradigması ile açıklanmaktadır. Bu paradigmaya göre vergi kaçırma eylemine girişecek olan yükümlü yakalanma riskinin düşük olduğunu gördüğü anda vergi kaçıracak, riskin yüksek olduğunu tespit ettiğinde ise, vergiye uyum sağlayacaktır. Paradigmaya göre yükümlünün vergiler karşısında son derece rasyonel hareket ettiği ve söz konusu davranışın yükümlü tarafından yapılacak olan fayda-maliyet analizinin doğal bir sonucu olarak ortaya çıktığı varsayılmaktadır[71]. Bu paradigma teorik olarak etkileyici ancak yapılan çok sayıda ampirik araştırmanın bulguları göstermektedir ki, caydırıcılık faktörleri önemli olmakla birlikte uyum davranışını tamamen açıklamakta yetersizdir[72]. Diğer bir ifadeyle, vergi uyumunu açıklamaya çalışan modeller, ilk başlarda her ne kadar ekonomik faktörler üzerinde yoğunlaşmışsa da, ampirik araştırmalar ile aslında gerçek hayatta öngörülenden fazla vergi uyumu olduğunun fark edilmiş ve "neden kişiler vergi uyumsuzluğunda bulunuyor" sorusuna cevap aramak yerine "neden vergi uyumu bu kadar yüksek" sorusuna cevap verilmeye çalışılmıştır[73].

3.3. Vergiye Gönüllü Uyumu Etkileyen Faktörler

Bireyleri gönüllü olarak vergi ödemeye yöneltecek ve bu çerçevede vergi ile ilgili ödev ve yükümlülüklerini eksiksiz olarak yerine getirmeye sevk edecek faktörler çok çeşitlidir ve ülkeden ülkeye farklılıklar göstermektedir. Başlıklar altında inceleyecek olursak;

3.3.1. Ekonomik Faktörler

3.3.1.1. GSMH ve Reel Gelir

Vergilemeyle ilgili olarak milli gelir ve vergi yükü karşılaştırmaları yapılarak yükümlülerin vergiye gönüllü uyumu hakkında bilgi sahibi olunabilmektedir. Ülkemizde kişi başına düşen

---

[71] Benk ve Budak, s. 165.
[72] Savaş Çevik, **Mükellefin Devlet ve Toplumla Etkileşimi, Bireysel Normlar ve Vergi Ahlakı**, Maliye Dergisi, Sayı: 163, Temmuz-Aralık 2012, s. 261.
[73] Saruç, s. 200.

milli gelir 2013 yılı itibarıyla cari fiyatlarla yaklaşık 10 bin 822 dolar iken[74] OECD ortalaması aynı yıl itibarıyla yaklaşık 38 bin 344 dolardır[75]. Buna karşılık 2013 yılı için OECD verilerine göre ülkemizde vergi yükü (vergi gelirleri/GSYİH) % 29,3 iken, OECD ortalaması %34,2 dir[76] olarak gerçekleştiği görülmektedir. Bu veriler ışığında sadece vergi yükü dikkate alınırsa ülkemizde vergi yükü düşük görünmektedir. Ancak kişi başına düşen milli gelir dikkate alındığında Türkiye'deki vergi yükünün nispi olarak daha ağır olduğu açıktır. Buradan anlaşılmaktadır ki; kişi başına düşen milli geliri düşük olan gelişmekte olan ülkelerde bireyler, gelişmiş ülkelerdekine daha fazla yüke ve fedakârlığa katlanmaktadırlar. Aşağıda Tablo 1'de OECD ülkelerinde toplam gelirlerin GSYİH'ya oranı görülmektedir.

Tablo 1 - OECD Ülkelerinde Toplam Vergi Gelirlerinin GSYİH'ya Oranı

	1985	1990	1995	2000	2005	2010	2011	2012	2013
Avustralya	27,8	28,1	28,2	30,4	29,9	25,6	26,3	27,3	27,5
Avusturya	40,5	39,4	41,1	42,1	40,9	40,8	41,0	41,7	42,5
Belçika	43,5	41,2	42,6	43,6	43,1	42,4	43,0	44,0	44,7
Kanada	31,9	35,3	34,9	34,9	32,3	30,4	30,2	30,7	30,5
Şili	..	17,0	18,4	18,8	20,7	19,5	21,2	21,5	20,0
Çek Cumhuriyeti	..	..	34,9	32,5	34,5	32,5	33,4	33,8	34,3
Danimarka	43,9	44,4	46,5	46,9	48,0	45,3	45,4	46,4	47,6
Estonya	..	..	36,2	31,0	29,9	33,2	31,9	32,1	31,8
Finlandiya	39,1	42,9	44,5	45,8	42,1	40,8	42,0	42,7	43,7
Fransa	41,9	41,0	41,9	43,1	42,8	41,6	42,9	44,1	45,0
Almanya	36,1	34,8	36,2	36,2	33,9	35,0	35,7	36,4	36,5
Yunanistan	24,5	25,1	27,7	33,2	31,2	32,0	33,5	34,5	34,4
Macaristan	..	..	41,0	38,7	36,8	37,3	36,5	38,6	38,4
İzlanda	27,4	30,1	30,4	36,2	39,4	33,3	34,4	35,2	35,9
İrlanda	33,7	32,4	31,8	30,9	29,2	27,5	27,4	27,9	29,0
İsrail	..	..	35,5	34,9	33,8	30,4	30,8	29,7	30,6
İtalya	32,5	36,4	38,6	40,6	39,1	41,8	41,9	43,9	43,9

[74] https://knoema.com/pjeqzh/gdp-per-capita-by-country-1980-2014?country=Turkey Erişim: [16 Mayıs 2016].
[75] https://data.oecd.org/gdp/gross-domestic-product-gdp.htm Erişim: [16 Mayıs 2016].
[76] http://www.gib.gov.tr/sites/default/files/fileadmin/HTML/VI/OECD/Tablo_2.xls.htm Erişim:[16 Mayıs 2016].

Japonya	26,7	28,5	26,4	26,6	27,3	27,6	28,6	29,4	30,3
Kore	15,8	18,8	19,1	21,5	22,5	23,4	24,2	24,8	24,3
Lüksemburg	37,4	33,8	35,2	37,1	38,3	38,1	37,9	38,8	38,4
Meksika	15,2	15,5	14,9	16,5	17,7	18,5	19,5	19,5	19,7
Hollanda	39,8	40,2	38,9	36,8	36,1	36,2	35,9	36,1	36,7
Yeni Zellanda	29,5	36,2	35,6	32,5	36,0	30,6	30,9	32,4	31,4
Norveç	41,9	40,2	40,0	41,9	42,6	41,9	42,0	41,5	40,5
Polonya	..	..	37,7	33,1	33,3	31,4	32,0	32,3	31,9
Portekiz	24,1	26,5	29,4	31,2	30,9	30,6	32,5	32,0	34,5
Slovak Cumhuriyeti	..	..	39,6	33,6	31,2	28,1	28,7	28,5	30,4
Slovenya	..	..	38,4	36,6	38,0	36,9	36,5	36,8	36,8
İspanya	26,8	31,6	31,3	33,4	35,3	29,9	31,3	32,1	32,7
İsveç	44,8	49,5	45,6	49,0	46,6	43,2	42,5	42,6	42,8
İsviçre	23,9	23,6	25,5	27,6	26,5	26,5	27,0	26,9	26,9
Türkiye	11,5	14,9	16,8	24,2	24,3	26,2	27,8	27,6	29,3
İngiltere	35,1	32,9	31,9	34,7	33,8	32,8	33,6	33,0	32,9
ABD	24,6	25,9	26,4	28,2	25,9	23,2	23,6	24,1	25,4
OECD-Ortalama	**31,5**	**32,1**	**33,6**	**34,2**	**33,9**	**32,8**	**33,3**	**33,8**	**34,2**

Kaynak: Gelir İdaresi Başkanlığı, http://www.gib.gov.tr/sites/default/files/fileadmin/HTML/VI/OECD/Tablo_2.xls.htm Erişim: [16 Mayıs 2016].

3.3.1.2. Kayıt Dışı Ekonominin Varlığı ve Genişliği

"Kayıt dışı ekonomi, dünyada 1950'lerde, Türkiye'de ise 1970'lerin sonundan itibaren kendini gösteren bir sorundur"[77]. Sosyalist ya da kapitalist, her ekonomik sistemde söz konusu olabilen bu sorunun tanımı üzerinde tam anlamıyla bir fikir birliğine varılamamıştır. Nitekim, dünyada kayıt dışı ekonomiyi ifade etmek üzere kullanılan; yer altı (underground) ekonomisi, yasadışı (illegal) ekonomi, kara (black) ekonomi, resmi olmayan (informel)

[77]Yahya Arıkan, **Kayıt Dışı Ekonomi İle Mücadele Aynı Zamanda Siyasi Bağımsızlık, Demokrasi ve Sosyal Barışımızın Devamı Açısından da İvedilikle Yerine Getirilmesi Gereken Bir Görevdir,** Mali Çözüm Dergisi, İSMMMO Yayını: İstanbul, Sayı:74, (Ocak-Şubat Mart 2006), s. 11.

ekonomi[78], gizli ekonomi, saklı ekonomi, ikinci ekonomi, kravatsız ekonomi, düzensiz ekonomi, paralel ekonomi, faturasız ekonomi, görünmez ekonomi, marjinal ekonomi, gölge ekonomi, kayıp ekonomi, vergisiz ekonomi, karaborsa ekonomisi, gri ekonomi, alacakaranlık ekonomi, enformel ekonomi, nakit ekonomi gibi çok sayıda terimin varlığı bile tanım güçlüğü konusunda bize bir fikir verebilmektedir[79]. Bu olgu üzerine bugüne kadar bu şekilde çok sayıda farklı terimin kullanılmış olmasında, her alandaki araştırmacının farklı bir özellik ya da boyutu ön plana çıkarma kaygısının yanı sıra, söz konusu olgunun kapitalist ve sosyalist ekonomik sistemler ile gelişmiş ve gelişmekte olan ülkelerde farklı şekillerde görülmesinin de önemli etkisi olmuştur[80].

Literatürde yapılan bir tanıma göre kayıt dışı ekonomi, "Gayri Safi Milli Hasıla hesaplarını elde etmede kullanılan ve bilinen istatistiksel yöntemlere göre tahmin edilemeyen, gelir yaratıcı ekonomik faaliyetlerin tümü"dür[81]. Bir başka tanıma göre de, "Vergi kaçırma veya vergiden kaçınma güdüsü ile belgeye hiç bağlanmamış ya da içeriği gerçeği yansıtmayan belgelerle gerçekleştirilen ekonomik faaliyetlerin devletin bilgisi dışına taşınması"dır[82].

Yabancı literatürdeki bir tanıma göre de kayıt dışı ekonomi, kavram olarak milli gelir hesapları tanımı içinde olmasına rağmen, yeterli kontrol ve denetim imkânı olmadığı için kapsanamayan, piyasa koşullarında gerçekleşen tüm vergiye tabi faaliyetlerdir[83].

Yukarıdaki tanımlamalar ışığında genel olarak ve en kestirme ifade ile devletin bilgisi dışında gerçekleşen ekonomik faaliyetlerin tümü[84] olarak tarif edebileceğimiz kayıt dışı ekonominin vergisel alanda yarattığı daralma, vergilemede adalet ilkesini zedelemenin yanı sıra sağlıklı ekonomi politikalarının saptanması ve kararların alınmasını da engellemektedir. Bu nedenle kayıt dışı ekonominin vergisel alana alınması için kayıt dışılığı nedenleri ve boyutlarıyla irdelemenin önemi büyüktür.

---

[78] G. Osman Yaraşlı, **Türkiye'de Vergi Reformu,** Başbakanlık Basımevi: Ankara, 2005, s.154.
[79] Murat Şeker, **Kayıt Dışı Ekonomi Tahmini: Türkiye Örneği-1**, Vergici ve Muhasebeciyle Diyalog, Süryay, Sayı:217, Mayıs 2006, s. 122-123.
[80] Gülay Akgül Yılmaz, **Kayıt Dışı Ekonomi ve Çözüm Yolları,** İSMMMO Yayını: İstanbul, 2006, s. 25.
[81] İsmail Çiloğlu, **Kayıt Dışı Ekonominin İşleyişi ve Kamu Bütçesine Etkisi**, Hazine Dergisi, Sayı:11, Temmuz 1998, s. 67.
[82] Yusuf Kıldiş, **Kayıt Dışı Ekonominin Ulusal ve Uluslar arası Boyutu ve Çözüm Önerileri,** Dokuz Eylül Üniversitesi S.B.E. Dergisi, Cilt: 2, Sayı: 2, İzmir, 2000, s. 2-8.
[83] Nihat Işık ve Mustafa Acar, **Kayıt Dışı Ekonomi: Ölçme Yöntemleri, Boyutları, Yarar ve Zararları Üzerine Bir Değerlendirme,** Erciyes Üniversitesi İİBF Dergisi, Sayı: 21, Temmuz-Aralık 2003, s. 119-122.
[84] Arıkan, s. 11.

3.3.1.2.1. Kayıt Dışılığın Nedenleri

Ülkelerin gelişmişlik düzeylerine göre kayıt dışılığı yaratan nedenler farklılık gösterir. "Ekonomi (gelir) yönetiminden vergi yapısına, globalleşmeden düşük milli gelire kadar birçok neden, kayıt dışı ekonomiyi oluşturan unsurlardandır"[85]. Genel olarak bir gruplandırmaya gidecek olursak; ülkeyi ciddi anlamda sıkıntıya sokabilen bu olguyu yaratan nedenleri, mali ve ekonomik, hukuki ve idari, sosyal ve yapısal ve siyasal nedenler olarak gruplandırmak mümkündür.

3.3.1.2.1.1. Mali ve Ekonomik Nedenler

Bu grupta sayabileceğimiz nedenler, enflasyon, muhasebe ve müşavirlik hizmetlerinin yetersizliği[86], özel sektör üzerindeki mali yükler ve vergi sisteminin adil olmaması, globalleşme, işsizlik oranı, düşük gelir düzeyi ve yoksulluk, ekonominin gelişmemiş olması ve denetimsizliktir[87]. Ekonomide izleme ve denetlemenin güç olduğu kesimlerin geniş olması da kayıt dışılığı arttıran nedenler arasındadır. Örneğin, tarım ve inşaat sektörü kayıt dışılığın yoğunlaştığı sektörlerdir[88].

Hanehalkı İşgücü Anketi 2014 yıl verilerine göre ülkemizde tarım sektöründe kayıtdışı çalışanların oranı % 82,3 gibi oldukça yüksek bir sevide iken bu oran tarımdışı sektörlerde % 22,3'tür. Kayıtdışı çalışanların oranının yüksek olduğu bir diğer sektör olan inşaat sektöründe ise bu oran, %36,6 olarak hesaplanmıştır[89].

3.3.1.2.1.2. Hukuki ve İdari Nedenler

Vergi sisteminin ve vergi idaresinin aksaklıkları, kayıt dışı ekonomiyi özendirici hale getirmektedir. Daha açık bir ifade ile; vergi kanun, yönetmelik ve tebliğlerinin yeterince açık ve anlaşılabilir olmaması ve sık değiştirilmesi sonucu yükümlülerce düzenlemelerin izlenmesinde yaşanan güçlükler, yükümlülere tanınan muafiyetler, vergi istisnaları, genel bütçe gelirlerine dahil olmayan ancak devletçe zorunlu kılınarak alınan katılma payları,

---

[85] Hakkı Mümin Ay, **Türkiye'de Kayıt dışı Ekonomiyi Önlemede Bilgi Ekonomisinin Etkinliği ve Gelir İdaresinin Rolü**, Selçuk Üniversitesi Karaman İİBF Dergisi, Sayı: 11, 9 Aralık 2006, s.59-61.
[86] Kıldiş, s. 8.
[87] Ay, s. 59-61.
[88] Şeker, s. 123.
[89] TUİK, Basın Odası Haberleri, Sayı 43, 2015. http://tuik.gov.tr/mwg-internal/de5fs23hu73ds/progress?id=kjDdsYZtQ3QeW_nJljLT92SSqZUtpUf_nkypC9MpFB4, Erişim: [12 Mayıs 2016].

kamu vakıf ve derneklerine yapılan zorunlu bağışlar gibi kayıt dışı vergiler, vergi idaresinin hantal yapısı ve bu yapı nedeniyle ortaya çıkan denetleme zorluğu ve denetleme sıklığının seyrekliği yükümlüleri vergiye gönüllü uyumdan uzaklaştırarak kayıt dışı çalışmaya itmektedir[90].

3.3.1.2.1.3. Sosyal ve Yapısal Nedenler

Yükümlüler vergi ödemenin satın alma güçlerini azaltacağını düşünerek, vergi ödemeye karşı isteksiz davranırlar. Bu durumu en aza indirebilmek için, verginin aslında kamu hizmetinin bir karşılığı olduğunun, vergilerin ödenmediği takdirde, kamu harcamalarının enflasyonist etkiler doğuran borçlanma ile karşılanacağının ve bedelin er geç yine kendilerince ödeneceğinin yükümlülere iyi anlatılması büyük önem taşımaktadır[91]. Ayrıca kamunun özel sektörden topladığı vergileri, verimli ve rasyonel harcamalarda kullanmaması da yükümlülerin vergiye uyumunu azaltmakta ve vergiye karşı direncini arttırmaktadır. Dolayısıyla yükümlüler, devletin istediği kadar değil, kendi istedikleri kadar vergi vermektedir[92]. Nüfus artış hızının yüksek olması, nüfusun önemli bir bölümünün kırsal alanda yaşaması ve bu kesim için tarım ve hizmetler sektörünün üretim ve istihdam açısından önemli bir paya sahip olması gibi yapısal nedenler de kayıt dışılığı önemli ölçüde etkilemektedir[93].

3.3.1.2.1.4. Siyasal Nedenler

Kayıt dışı ekonomiye yol açan nedenlerden birisi de, kayıt dışı ekonominin zaman zaman siyasal himayeye sahip olması olarak düşünülebilir. Siyasetçilerin yeniden seçilmelerini garantiye almaya yönelik oy kaygısı taşımaları, oy potansiyeli yüksek seçmen kitlelerini zor duruma sokacak uygulamalardan kaçınmalarına, söz konusu kesimlerin kayıt dışı faaliyetlerinin bir kısmını görmezden gelmelerine neden olabilmektedir. Örneğin, ortalama seçmenin küçük çiftçi ve küçük esnaf olduğu Türkiye gibi ülkelerde kayıt dışı ekonomiyle mücadelenin siyasal faturası ağır olabilir. Bu yüzden, *götürü* ve *basit usulde* vergilendirme adı altında Türkiye'de kayıt dışı ekonominin bugüne kadar belli ölçülerde yasal himayeye sahip olduğunu söylemek mümkündür[94].

---

[90] Işık ve Acar, s. 121.
[91] Işık ve Acar, s. 121.
[92] Ay, s. 60.
[93] Işık ve Acar, s. 122.
[94] Işık ve Acar, s. 122.

3.3.1.3. Kayıt Dışı Ekonominin Boyutları

Türkiye'de kayıt dışı ekonomiye ilişkin ilk çalışmalar daha çok kayıt dışı ekonominin nedenleri ve sonuçları üzerine yoğunlaşmıştır. Son yıllarda yapılan çalışmalar ise daha çok kayıt dışı ekonominin çeşitli yöntemler kullanılarak boyutlarının ölçülmesine yönelik olmuştur. Zira, ülke ekonomileri için büyük kayıp olan vergi kayıplarının tespitinde, kayıt dışı ekonominin boyutlarının ölçülmesi büyük önem arz etmektedir.

Performans göstergelerine bakıldığında ülkemiz ekonomisinin 2014 yılında % 26' sinin kayıt altına alınamadığı görülmektedir ve bu rakamsal boyutun 2018 yılı için % 21,5'e düşürülmesi hedeflenmektedir[95]. Doğrusöz' ün de ifade ettiği gibi, kayıt dışı ekonomi sıfıra kadar indirilemese de[96] boyutunun küçültülmesinin kayıt dışılığı ortaya çıkaran ya da genişleten etmenlerin ortadan kaldırılması ile mümkün olabileceği bilinen bir gerçektir.

Diğer bir deyimle, hamiline yazılı ekonomiden nama yazılı ekonomiye geçiş için[97] aksayan yönler tespit edilmeli ve o doğrultuda gereken tüm önlemler alınmalıdır.

3.3.2. Devlet Algısı

Vergi uyumunun seviyesinin belirlenmesinde ekonomik faktörlerin yanı sıra, Kirchler'e göre kamu otoritesi ile bu otoritenin gücüne olan güven belirleyicidir.[98] Başka bir ifade ile vergi idaresinin sahip olduğu güç, vergi idaresine olan güven ve güç ile güven arasındaki etkileşimi sonuç üzerinde önemli bir etkiye sahiptir. İtalyan asıllı psikolog Erich Kirchler önderliğinde geliştirilen ve Kaygan Tepe Modeli (Slippery Slope Framework) olarak adlandırılan modelde vergi uyumuna bütüncül bir eksenden bakılmaktadır. Modele göre, vergi idaresinin gücü vergi denetimleri ve cezaları gibi ekonomik faktörlerden meydana gelirken; vergi idaresine olan güven ise adalet algısı ve sosyal normlar gibi psikolojik faktörleri temsil etmekte ve gönüllü vergi uyumunun oluşmasına zemin hazırlamaktadır. Modelde, vergi uyumu davranışında güç ve güven faktörlerinin etkili olmasının yanı sıra bu iki faktörün yani güç ve güvenin karşılıklı etkileşiminin de ayrı bir etken olduğu ve bu

---

95 http://www.gib.gov.tr/fileadmin/beyannamerehberi/2015kayitdisi.pdf Erişim 11 Mayıs 2016].

96 Bumin Doğrusöz, **Kayıt Dışı ile Mücadele Üzerine**, Mesleki Makaleler, 2003, http://turmob.org.tr/turmob/basin/17-11-2003(1).htm, 2003, Erişim: [28 Mart 2007], prg. 6.

97 Selçuk Tekin, **Kayıt Dışı Ekonomi ve Vergi Denetimi**, Vergi Sorunları Dergisi, Sayı: 181, Ekim 2003, s. 73.

98 Batrancea vd (2016). Tax Compliance Behavior: An Upshot of Trust in and Power of Authorities across Europe and MENA, M. M. Erdoğdu ve B. Christiansen (Der.), Handbook of Research on Public Finance in Europe and the MENA Region, IGI Global, Hersley, s. 261.

etkileşimin vergi uyum düzeyini belirleyen çatışmacı, hizmet odaklı ve güvene dayalı üç farklı vergileme iklimini meydana getirdiği savunulmaktadır[99]. Ampirik bazı çalışmalar göstermektedir ki, hükümete olan güven arttıkça vergiye olan direnç azalmaktadır.[100]

3.3.3. Sosyal ve Demografik Etkenler

Yükümlülerin vergi karşısındaki tutumları üzerinde çeşitli sosyal ve demografik faktörlerin etkisi de bu süreçte belirleyici olan diğer bir etkendir. Bu faktörleri, ailenin gelir düzeyi, eğitim düzeyi, yükümlünün mesleği, yükümlünün yaşı, yükümlünün cinsiyeti ve medeni hali, yaşanılan sosyal çevre, kültürel faktörler ve ırksal özellikler olarak başlıklar halinde sıralamak mümkündür.

3.3.3.1. Ailenin Gelir Düzeyi

Gelir düzeyi ve vergi oranlarının yükümlülerin vergiye gönüllü uyumu üzerindeki etkisi konusunda birçok araştırma yapılmıştır. 2003 yılında ABD'de 2097 yükümlü ile yapılan bir araştırmaya göre, gelir arttıkça yükümlülerin vergiye uyumu azalmakta ve aynı oranda vergi kaçakçılığı da artmaktadır. Benzer şekilde bir başka çalışmaya göre de, orta gelir düzeyindeki yükümlülerin vergiye uyum düzeyi, düşük ve yüksek gelir düzeyindeki yükümlülerden daha yüksek bulunmuştur[101]. Yine Lewis'in Fransa, Danimarka, İngiltere ve Batı Almanya'da karşılaştırmalı olarak yaptığı bir çalışmada, gelir artışının vergiye gönüllü uyumu olumsuz yönde etkilediği ortaya konulmuştur. Gelir düzeyi ile ilgili bir diğer önemli husus da gelir eşitsizliğinin vergiye gönüllü uyumu azaltıcı etkisidir. Elferss bu konuda 1991 yılında bir araştırma yapmış ve araştırmanın sonuçları geliri az olan yükümlülerin finansal zorluklar nedeniyle vergi kaçırmaya daha eğilimli olduklarını ortaya koymuştur. Dolayısıyla, bir ülkede gelir düzeyleri arasındaki uçurum kapanmadıkça yükümlülerin vergiye gönüllü uyum sağlaması mümkün görünmemektedir.

3.3.3.2. Eğitim Düzeyi

Vergiye karşı tutumları belirleyen unsurlar içerisinde eğitim büyük öneme sahiptir. Bilindiği gibi eğitim, insan ve toplum üzerinde bazı olumlu davranış ve tutumların kazandırılmasına

---

[99] Benk ve Budak, s. 177.
[100] Bu konuda Türkiye üzerine yapılmış bir çalışma için bkz: McGee ve Benk (2016).
[101] Erich Kirchler, **Differental Representations of Taxation: Analysis of Free Associations and Judgments of Five Employment Groups**" Journal of Socio-Economics, Vol. 27, Issue 1, 1998, s. 118.

yönelik faaliyet ve çaba olarak kısaca ifade olunabilir. Yükümlülerin eğitim düzeyinin vergiye gönüllü uyumları üzerindeki etkisi iki boyutlu olarak değerlendirilebilir. Şöyle ki; eğitim düzeyi yüksek olan yükümlüler, vergilerin ekonomik ve sosyal işlevleri konusunda daha bilinçli oldukları için bu yükümlülerin vergi kaçırma eğilimleri daha düşüktür.

Öte yandan daha iyi eğitimli yükümlüler yasalardaki boşlukları daha iyi fark edebildiği için bu boşluklardan yararlanarak vergiden kaçınmaları daha kolaydır. Yani eğitim ile vergi uyumu arasında şu durumda negatif korelasyon vardır[102].

3.3.3.3. Yükümlünün Mesleği

Yükümlülerin vergiye gönüllü uyumları meslek türlerine göre farklılıklar göstermektedir. yükümlünün mensubu olduğu meslek grubunda kaçakçılık yaygınsa, bu durum bireysel olarak bu yükümlünün de ortak bir tutum takınmasına yol açmakta ve vergiye gönüllü uyumunu zorlaştırmaktadır.

Aynı şekilde, doğru beyanda bulunmama eğilimi (non-compliance) maaş ve ücret geliri ile ters, serbest meslek gelirleri ile doğru orantılıdır. Maaşlı veya ücretli kesimin ödeyeceği vergi ücreti, brüt tutar ellerine geçmeden işveren tarafından kesildiğinden vergi yükü daha az hissedilir olmaktadır. Kimi otoritelerce "bordro mahkumu" olarak da anılan bu kesimin vergiye gösterdiği uyum aslında gönüllü uyumdan ziyade zorunlu bir uyumdur[103].

3.3.3.4. Yükümlünün Yaşı

Yaş faktörü vergi uyumunda önemli bir unsur olarak karşımıza çıkmaktadır. Yapılan çalışmalar genç yaştaki bireylerin, gelirlerinin büyük bir kısmını tüketime ayırmak isteği içinde bulunmaları ve risk alma güdülerinin güçlü olması nedeniyle vergi kaçırmaya daha eğilimli olduklarını göstermektedir. Buna karşılık ileri yaş düzeyinde bulunan bireyler, belirli bir hayat seviyesine ulaştıkları için, bunun devamı yönünde bir iradeye sahip olmakta dolayısıyla diğer yaştaki gruplara nazaran vergiye karşı daha uyumlu davranmaktadırlar. Yani uyumsuzluk genç yükümlülerde daha fazladır[104]. Aşağıdaki tabloda da vergi

[102] Şenyüz, s. 121-122.
[103] Biberoğlu, s. 48.
[104] Cuma Çataloluk, **Vergi Karşısında Mükelleflerin Tutum ve Davranışları**, http://www.google.com.tr/search?hl=tr&q=c+%C3%A7ataloluk+vergi&meta, Erişim: [12 Ocak 2009].

yükümlülerinin davranışları üzerine yapılan ampirik bir çalışmanın ürünü olarak yaş ile vergiyi tanımlama biçimi arasındaki ilişki ortaya konulmaktadır[105].

Tablo 2 - Vergiye Bakış Açısının Yaşlar Arasındaki Dağılım

	Yaş				Toplam Ortalama
	0-20 Yaş	21-40 Yaş	41-60 Yaş	61 ve Üstü Yaş	
Mükellefin Vergiyi Algılama Biçimi					
Vergi kutsal bir ödevdir	16,1%	42,2%	38,5%	3,2%	100,0%
	18,9%	19,3%	36,7%	58,3%	24,1%
Vergi devletin yapmış olduğu kamu hizmetlerinin karşılığıdır	23,7%	53,4%	22,3%	0,6%	100,0%
	45,4%	39,6%	34,5%	16,7%	39,2%
Vergi mükellef üzerinde bir yüktür.	16,4%	65,5%	18,2%		100,0%
	9,7%	15,1%	8,7%		12,2%
Vergi girişimcilik ruhunu zedeleyen bir etkendir	17,0%	62,3%	20,8%		100,0%
	4,9%	6,9%	4,8%		5,9%
Vergi zorunlu bir ödemedir	23,2%	54,2%	20,8%	1,8%	100%,0
	21,1%	19,1%	15,3%	25,0%	18,6%

Kaynak: Biberoğlu, s. 51.

3.3.3.5. Yükümlünün Cinsiyeti ve Medeni Hali

Bireylerin cinsiyeti ve medeni hali de vergiye gönüllü uyumda belirleyici bir rol oynamaktadır. Bu konuda yapılan çalışmalar erkeklerin kadınlara oranla daha fazla, aynı şekilde evlilerin de bekârlara oranla daha fazla vergi kaçırma eğilimi içinde olduklarını

---

[105] Selami Sezgin ve Hilmi Çoban, **Vergi Mükelleflerinin Davranışları Üzerine Ampirik Bir İnceleme: Denizli Örneği,** Yaklaşım Dergisi, Sayı:11, 11 Haziran 2004.

göstermektedir. Nitekim vergi oranlarının yüksekliğinin, vergi gelirlerinin gerektiği gibi harcanıp harcanmadığının, vergi sisteminin adil olup olmadığının ve vergi kaçakçılığının en önemli nedeninin ne olduğunun cinsiyet ve medeni hal bazında sınandığı bir çalışmada, ortaya çıkan veriler aşağıdaki tablolarda görüldüğü gibidir.

Tablo 3 - Cinsiyetiniz? - Vergi oranları yüksek midir?

			CİNSİYETİNİZ?		TOPLAM
			ERKEK	KADIN	
Vergi oranları yüksek midir?	EVET. ÇOK YÜKSEK	Adet	192	24	216
		%	38,9	4,9	43,7
	OLDUKÇA YÜKSEK	Adet	129	28	157
		%	26,1	5,7	31,8
	EVET, AMA ÇOK DEĞİL	Adet	82	12	94
		%	16,6	2,4	19,0
	HAYIR	Adet	23	4	27
		%	4,7	0,8	5,5
TOPLAM		Adet	426	68	494
		%	86,2	13,8	100,0

Kaynak: Fatih Saraçoğlu, **Yaş-Cinsiyet-Medeni Durum ve Eğitim Durumunun Vergiye Karşı Tutum Üzerine Etkilerinin Anket Sonuçları Çerçevesinde Değerlendirilmesi,** KMU İİBF Dergisi Yıl:10, Sayı 15, Aralık 2008, s.26.

Tablodaki veriler ışığında denilebilir ki, ankete katılan erkeklerde vergi oranlarının "çok yüksek" olduğu düşüncesi hakim iken, kadınlarda "oldukça yüksek" düşüncesi hakimdir.

Tablo 4 - Cinsiyetiniz? - Vergi gelirleri gerektiği gibi harcanıyor mu?

			Cinsiyetiniz?		TOPLAM
			ERKEK	KADIN	
Vergi gelirleri gerektiği gibi harcanıyor mu?	EVET TAMAMEN	Adet	9	1	10
		%	1,8	0,2	2,0
	EVET OLDUKÇA	Adet	26	6	32
		%	5,3	1,2	6,5
	KISMEN	Adet	126	20	146
		%	25,5	4,0	29,6
	HAYIR	Adet	265	41	306
		%	53,6	8,3	61,9
TOPLAM		Adet	426	68	494
		%	86,2	13,8	100,0

Kaynak: Saraçoğlu, s.26.

Ankete katılan erkek yükümlünün %62 si vergilerin gerektiği gibi harcandığına inanmazken, kadın yükümlünün %60'ı vergilerin gerektiği gibi harcandığı inancını taşımaktadır.

Tablo 5 - Cinsiyetiniz? - Vergi sistemi sizce adil midir?

			Cinsiyetiniz		TOPLAM
			ERKEK	KADIN	
Vergi sistemi sizce adil midir?	EVET TAMAMEN	Adet	8	4	12
		%	1,6	0,8	2,4
	EVET OLDUKÇA	Adet	20	2	22
		%	4,0	0,4	4,5
	KISMEN	Adet	72	13	85
			14,6	2,6	17,2
	HAYIR	Adet	326	49	375
		%	66,0	9,9	75,9
TOPLAM		Adet	426	68	494
		%	86,2	13,8	100,0

Kaynak: Saraçoğlu, s. 27.

Ankete katılan erkeklerden % 76,5 vergi sistemini adil bulmazken bu oran kadınlarda %72 olarak gerçekleşmiştir.

Tablo 6 - Cinsiyetiniz? - Sizce vergi kaçakçılığının en önemli nedeni nedir

			CİNSİYETİNİZ		TOPLAM
			ERKEK	KADIN	
Sizce vergi kaçakçılığının en önemli nedeni nedir	Vergi oranlarının yüksek olması	Adet	57	8	65
		%	11,5	1,6	13,2
	Denetimin yetersiz olması	Adet	47	9	56
		%	9,5	1,8	11,3
	Vergi cezalarının yetersiz olması	Adet	113	20	133
		%	22,9	4,0	26,9
	Kamusal hizmet olarak geri dönmemesi	Adet	209	31	240
		%	42,3	6,3	48,6
TOPLAM		Adet	426	68	494
		%	86,2	13,8	100,0

Kaynak: Saraçoğlu, s.27.

Ankete katılan kadın ve erkek katılımcılar vergi kaçakçılığının en önemli nedenini vergilerin kamusal hizmet olarak geri dönmemesi şeklinde ifade etmiştir.

Oran bazında erkek yükümlülerin %49'u bu şekilde düşünürken, kadın yükümlülerde bu oran %45,6'dır.

Tablo 7 - Medeni Durumunuz? Vergi oranları yüksek midir?

			Medeni Durumunuz		Toplam
			EVLİ	BEKAR	
Vergi oranları yüksek midir?	EVET ÇOK YÜKSEK	Adet	157	59	216
		%	31,8	11,9	43,7
	OLDUKÇA YÜKSEK	Adet	118	39	157
		%	23,9	7,9	31,8
	EVET AMA ÇOK DEĞİL	Adet	66	28	94
		%	13,4	5,7	19,0
	HAYIR	Adet	18	9	27
		%	3,6	1,8	5,5
Toplam		Adet	359	135	494
		%	72,7	27,3	100,0

Kaynak: Saraçoğlu, s.28.

Ankete katılan evli yükümlülerle, kadın yükümlülerin %43,7'si vergi oranlarının çok yüksek olduğunu düşünmektedir.

Tablo 8 - Medeni Durumunuz? -Vergi gelirleri gerektiği gibi harcanıyor mu?

			Medeni Durumunuz		TOPLAM
			EVLİ	BEKAR	
Vergi gelirleri gerektiği gibi harcanıyor mu?	EVET TAMAMEN	Adet	10	0	10
		%	2,0	0,0	2,0
	EVET OLDUKÇA	Adet	25	7	32
		%	5,1	1,4	6,5
	KISMEN	Adet	111	35	146
		%	22,5	7,1	29,6
	HAYIR	Adet	213	93	306
		%	43,1	18,8	61,9
TOPLAM		Adet	359	135	494
		%	72,7	27,3	100,0

Kaynak: Saraçoğlu, s.28.

Katılımcılardan evli yükümlülerin %59'u vergi gelirlerinin gerektiği gibi harcanmadığını düşünürken, bu oran bekârlarda %68'i ve tabloda da görüldüğü üzere vergi gelirlerinin tamamen gerektiği gibi harcandığına inanan bekâr yükümlülerin bulunmaması da ilgi çekicidir.

Tablo 9 - Medeni Durumunuz? – Vergi sistemi sizce adil midir?

			Medeni Durumunuz		**TOPLAM**
			EVLİ	**BEKAR**	
Vergi sistemi sizce adil midir?	EVET TAMAMEN	Adet	6	6	12
		%	1,2	1,2	2,4
	EVET OLDUKÇA	Adet	19	3	22
		%	3,8	0,6	4,5
	KISMEN	Adet	60	25	85
		%	12,1	5,1	17,2
	HAYIR	Adet	274	101	375
		%	55,5	20,4	75,9
TOPLAM		Adet	359	135	494
		%	72,7	27,3	100,0

Kaynak: Saraçoğlu, s.29

Vergi sisteminin adil olmadığını düşünenlerin oranı evli olanlarda %76,3 iken, bekâr olanlarda %74,8'dir.

Tablo 10 - Medeni Durumunuz? – Sizce vergi kaçakçılığının en önemli nedeni nedir?

			Medeni Durumunuz		TOPLAM
			EVLİ	BEKAR	
Sizce vergi kaçakçılığının en önemli nedeni nedir	Vergi oranlarının yüksek olması	Adet	50	15	65
		%	10,1	3,0	13,2
	Denetimin yetersiz olması	Adet	39	17	56
		%	7,9	3,4	11,3
	Vergi cezalarının yetersiz olması	Adet	84	49	133
		%	17,0	9,9	26,9
	Kamusal hizmet olarak geri dönmemesi	Adet	186	54	240
		%	37,7	10,9	48,6
TOPLAM		Adet	359	135	494
		%	72,7	27,3	100,0

Kaynak: Saraçoğlu, s. 29.

Evli yükümlülerin %51,8'i vergi kaçakçılığının en önemli nedeninin vergi gelirlerinin kamusal hizmet olarak geri dönmemesi şeklinde düşünürken, bu oran bekâr yükümlülerde %40'dır. Ayrıca bekâr yükümlülerin %36,3'ü vergi cezalarının yetersizliğini vergi kaçakçılığının en önemli nedeni olarak görmektedir.

3.3.3.6. Yaşanılan Sosyal Çevre

Yükümlülerin vergiye karşı tutum ve davranışlarını içinde yer aldıkları toplumsal çevre de etkilemektedir. Şöyle ki; yükümlünün yaşadığı sosyal çevrede vergiye karşı tepkili ve isteksiz davranış yapısı hakim ise, vergiye karşı nötr olan yükümlü zamanla bu davranış şeklini benimseyecektir. Verginin bir vatandaşlık görevi olduğu bilincini taşıyan dürüst bir yükümlü ise, vergiye karşı bu olumsuz tutum ve davranış yapısına karşı çıkarak bir süre dirense de, bir müddet sonra sistemin adil olmadığını düşünerek kendisini haksızlığa uğramış hissedeceğinden devlete olan güveni sarsılmaya başlayacak ve vergiden kaçınma yoluna gidecektir.

3.3.4. Kültürel Faktörler

Kültür kavramı toplumu oluşturan bireylerin hür vicdanlarında vergi verme gereği duymaları açısından önemli bir yere sahiptir. Bu anlamda toplumların belli başlı kazanımlarını, deneyimlerini, değerlerini, inançlarını, tarihi süreç içerisinde geliştirdikleri sembolleri ve kuşaktan kuşağa aktarılan davranış kalıplarını içeren ve aile yapısı, eğitim düzeyi, sosyal statü ile ilintili olarak ortaya çıkan kültürel normlar bir ülkenin vergi kodunu vermektedir. Dolayısıyla ahlaki normları da içine alan kültür altyapısı ile vergiye gönüllü uyum arasında çok yakın bir ilişki vardır[106].

3.3.5. Psikolojik Faktörler

Vergilemenin temel ilkelerinden biri, toplumsal sınıf farkı tanımadan tüm vatandaşların bu görevi yerine getirmeleridir.

3.3.5.1. Vergi Bilinci

Vergi kayıp ve kaçaklarıyla mücadelede her zaman hukuki ve idari tedbirler almak yeterli olmaz. Vergi ödeme bilincinin toplumda mevcut olması da büyük önem taşır. Vergi bilinci, kamu giderlerinin karşılanabilmesi için vatandaşların elde ettikleri gelir veya servetten yasalarda belirtilen usul, esas ve oranlara uygun olarak katkıda bulunmaları gerektiğini fark etme, bilme ve hatırlama yeteneğine sahip olmasıdır[107]. Vergi bilinci ve ahlakının toplumda yerleşmesi için ilk olarak devlet yöneticilerinin hukukun üstünlüğüne ve adalete inanmaları ve buna uygun davranmaları gerekmektedir. Ayrıca basın ve yayın araçları ile yeterli düzeyde eğitim programı uygulanarak toplumun her bireyinin kayıt dışı ekonominin takipçisi olması yönünde bilinçlendirilmesi de vergi bilinci ve ahlakının toplumda yerleşmesi için etkili bir yoldur[108].Yapılan bir anket çalışmasında da "Ülkemizde Vergi Bilinci Nasıl Arttırılabilir?" sorusuna verilen yanıtların dağılımı Tablo 11 de gösterilmiştir.

Yükümlülerin bu soruya ilişkin bildirdikleri görüşlerin dağılımı şöyle olmuştur. 172 kişi (%34,3) eğitim ve öğretim ile 151 kişi (%30,1) vergi sistemindeki adaletsizliğin giderilmesi ile, 82 kişi (%16,3) kamu harcamalarındaki savurganlığın giderilmesi ile, 57 kişi (%11,4)

---

106 Abdülkadir Işık, **Kültür ve Kalkınma: Vergi Kültürü Örneği,** Ege Akademik Bakış, Pamukkale Üniversitesi İİBF, 2009, s. 855.

107 Mehmet Emin Narta, **Vergi Bilinci,** www.maliye.gov.tr, Erişim: [23 Ekim 2008].

108 Necdet Yılmaz, Vergi, Ülkenin Dünü, Bugünü ve Yarınıdır, http://www.denizlismmmo.org/dosya.asp?id=1506 , Erişim: [8 Ocak 2009].

vergi oranlarının düşürülmesi ile ve 40 kişi de (%8) kişi başına düşen gelirin arttırılması ile. Görülmektedir ki yükümlüler vergi bilincinin arttırılması için en çok eğitim ve öğretime önem verilmesi gerektiğine inanmaktadır.

Tablo 11 - Ülkemizde Vergi Bilincinin Nasıl Arttırılacağına İlişkin Yükümlülerin Görüşlerinin Dağılımı

	SIKLIK	YÜZDE	BİRİKİMLİ YÜZDE
Eğitim ve Öğretim İle	172	34,3	34,3
Kamu Harcamalarının Savurganlığın Giderilmesi İle	82	16,3	50,6
Vergi Sistemindeki Adaletsizliğin Giderilmesi İle	151	30,1	80,7
Vergi Oranlarının Düşürülmesi İle	57	11,4	92,0
Kişi Başına Düşen Gelir Düzeyinin Artırılması İle	40	8,0	100,0
Kişi Başına Düşen Gelir Düzeyinin Artırılması İle	40	8,0	100,0
Toplam	502	100,0	

Kaynak: Halit Çiçek, **Psikolojik ve Sosyal Yönden Yükümlülerin Vergiye Karşı Tutum ve Tepkileri,** İSMMMO: İstanbul, s. 16.

3.3.5.2. Diğer Yükümlülerin Davranışları

Vergi kaçıran bireylerin bir toplumda nasıl tanımlandığı o toplumun vergiyi nasıl algıladığının belirlenmesi açısından büyük önem arz etmektedir. Yani vergi kaçıran, toplumun genelinde kurnaz bir işadamı mı, hırsız mı, vatan haini mi, ailesini düşünen bir baba mı, namuslu bir adam mı ya da kibar bir günahkâr mı? Bunun için yapılmış ampirik bir incelemede sonuçlar Tablo 12'de gösterilmiştir.

Tablo 12 - Vergi Yükü ve Yükümlülerin Buna Bağlı Olarak Oluşturdukları Yaklaşımlar

Vergi Yükü → Algılama Şekilleri ↓	Çok Ağır	Ağır	Normal	Hafif	Çok Hafif	Toplam Ortalama
Mükelleflerin Vergi Kaçıranlara Bakış Açısı						
Namuslu Bir Adam	**68,8% →**	**12,5%**	**18,8%**			**100,0%**
	3,2% ↓	0,5%	2,1%			1,8%
Ailesini Düşünen Bir Baba	**50,7%**	**36,0%**	**10,7%**	**2,7%**		**100,0%**
	11,0%	6,9%	5,7%	22,2%		8,4%
Kurnaz Bir İş Adamı	**34,3%**	**40,3%**	**15,5%**	**0,5%**	**0,5%**	**100,0%**
	20,6%	21,6%	22,9%	11,9%	33,3%	23,3%
Kibar bir Günahkar	**41,6%**	**41,6%**	**14,3%**	**2,6%**		**100,0%**
	9,3%	8,2%	7,9%	22,2%		8.7%
Vatan Haini	**40,6%**	**42,5%**	**15,0%**	**0,6%**	**1,3%**	**100,0%**
	18,8%	17,4%	17,1%	11,1%	66,7%	18,2%
Hırsız	**36,3%**	**45,3%**	**17,6%**	**0,8%**		**100,0%**
	37,1%	40,9%	44,3%	33,3%		39,08%
Toplam	100%	100%	100%	100%		100%

Kaynak: Biberoğlu, s.62.

3.3.5.3. Vergi Gelirlerinin Etkin Kullanılıp Kullanılmadığı Durumu

Kamu harcamaları, sosyal açıdan bakıldığında bir ülkede gelir dağılımını düzenleme ve sosyal hizmetlerin sunumunu sağlama gibi önemli fonksiyonlara sahiptir. Bu anlamda söz konusu harcamaların adil ve etkin yapılması vergi ödeme bilincinin oluşması açısından büyük önem arz etmektedir. Yükümlüler, ödedikleri vergi ve kamu hizmetlerinden faydaları arasındaki ilişkiyi adil ve etkin olarak algıladıklarında vergi ödemek hususunda daha fazla işbirliği göstereceklerdir[109].

Diğer bir ifadeyle, yükümlü yapılan harcamaların kendisine ve kamuya olan yararına inanıyor ise vergi vermenin doğru olduğuna inanacak aksi halde de verginin gereksiz olduğu yönünde subjektif bir görüşe kapılarak vergi vermekten kaçınacaktır[110]. Yapılan bir çalışmada yükümlülere "Sizce kamu harcamalarında bir savurganlık var mı?" sorusu yöneltilerek yükümlülerin görüşleri alınmaya çalışılmış ve 1 kişinin yanıt vermeyi reddettiği soruya, kamu harcamalarında savurganlık var diyenler %88 yok diyenler ise %11,8 oranında katılmışlardır. Bu soruya alınan yanıtlar Tablo 13 de gösterilmiştir.

Tablo 13 - Ödenen Vergilerle Kamu Harcamaları Arasındaki İlişki Hakkındaki Görüşlerin Dağılımı

	Sıklık	Yüzde	Birikimli Yüzde
Evet	51	10,2	10,2
Hayır	242	48,2	58,4
Zaman zaman	209	41,6	100,0
Toplam	502	100,0	

Kaynak: Çiçek, s. 109.

[109] Harun Yeniçeri ve Savaş Çevik, **Sosyal ve Politik Etkileşim, Bireysel Değerler ve Vergi Ahlakı Arasındaki İlişkilerin Yapısal Eşitlik Modeli İle Test Edilmesi**, Amme İdaresi Dergisi, Cilt; 47, Sayı: 3, Eylül 2014, s.73.
[110] Çataloluk, s. 220.

3.3.5.4. Verginin Bir Vatandaşlık Görevi Olduğu Yaklaşımı

Bilindiği üzere vergi, kamu giderlerini karşılamak için herkesin mali gücüne göre vermekle yükümlü olduğu ekonomik değerdir. Bu basit tanımlama çerçevesinde denilebilir ki vergi hem bir ödev, hem bir zorunluluk hem de bunların ötesinde bir vatandaşlık görevidir. Buna rağmen çoğu yükümlünün zihninde vergi, devlete ve topluma karşı bir görev olmaktan çok kazançta eksilme meydana getiren bir yüktür. Bu algılamanın değiştirilerek vatandaşlık ile vergi mükellefiyeti arasında etkin bir bağın kurulabilmesi için verginin en temel vatandaşlık görevlerinden biri olduğuna yönelik eğitim anlayışının benimsenerek daha küçük yaştan itibaren bu anlayışın insanlara verilmesi gerekmektedir.

3.3.6. Ahlaki Faktörler

Yükümlülerin vergiye uyumuna ilişkin kararlarını etkileyen faktörlerden bir diğeri de ahlaki faktörlerdir. Bireylerin devlete olan bağlılık, devlete ve kurumlarına olan güven ve vatandaşlık bilinci ile vergilerini yasaya uygun ölçü ve zamanlarda ödemesi hususunda son derece etkili olan bu faktörler dini inanç, gelenek ve göreneklerdir.

3.3.6.1. Dini İnanç

Din ile ahlak arasında çok yakın bir ilişki bulunmaktadır. Zira ahlaki normların pek çoğunun kaynağı dindir. Daha açık bir ifade pek çok ahlak kuralı din tarafından emredilmiştir. Dolayısıyla ahlak gibi soyut ve sonradan öğrenilen bir olguyu incelerken dini inançların üzerinde özenle durmak gerekmektedir.

Vergiler ve vergi ahlakı açısından bakıldığında dini inançlar yükümlüleri vergiye karşı uyumlu davranmaları hususunda içsel olarak motive eden çok önemli bir enstrüman olduğu söylenebilir.

Nitekim yapılan araştırmalar da dini inançlar ile vergi ahlakı arasında güçlü bir korelasyon olduğunu ortaya koymuştur. Torgler'in 1995 ve 1997 World Values Survey verilerini baz alarak yaptığı ve 32 ülkeyi kapsayan çalışmasında dini inançlar vergi ahlakını arttıran oldukça önemli bir faktör olarak gösterilmiştir[111].

---

[111] Mehmet Tosuner ve İ. Cemil Demir, **Vergi Ahlakının Sosyal ve Kültürel Belirleyenleri,** Süleyman Demirel Üniversitesi İİBF Dergisi, Cilt:14, Sayı: 1, 2009, s. 7-8.

3.3.6.2. Gelenek ve Görenekler

Bir toplumun vergi kodunun belirlenmesinde, dini inançlar kadar etkili olan diğer bir faktör de gelenek ve göreneklerdir.

Gelenek ve görenekler toplumun sahip olduğu yazılı olmayan kanunlardır. Bu kanunlar toplumda sosyal ilişkisi bulunan insanın eylemlerinin yönünü ve şeklini tayin etmektedir. Özür dilemek, selamlaşmak, saygı göstermek, konuşmak gibi insanı erdemli davranmaya sevk eden gelenek ve görenekler, vergiye ilişkin yükümlülüklerin yerine getirilmesinde de önemli bir rol oynamaktadır. Kanunen ödenmesi gereken bir verginin yükümlüce tam olarak ödenmesi toplumun erdem saydığı bir davranış biçimidir.

3.3.7. Siyasi Faktörler

Yükümlülerin vergi ödeme konusundaki istek ya da isteksizliğini etkileyen en önemli belirleyicilerden birisi de siyasal iktidarların vergileme ile ilgili tutumudur.

Siyasal iktidarlar genellikle oy maximizasyonunu gözeterek baskı gruplarının istekleri doğrultusunda kararlar aldığından, vergilendirmeden vazgeçebilmekte veya vergi yükünü belli kesimlere yükleyebilmektedir. Bu da vergi yükünü üzerinde hisseden kesimlerce siyasal iktidara duyulan güveni zedelemekte ve iki türlü vergi kaybına yol açmaktadır.

3.3.8. Vergi Sistemi ve Vergi Yönetiminden Kaynaklanan Faktörler

Yükümlülerin kendi rızaları ile vergi ödeme istekliliklerini arttıran veya azaltan faktörlerden bir diğeri de vergi sistemi ve vergi yönetiminden kaynaklanan faktörlerdir.

Bu faktörler, yükümlülerin satın alma gücünü direkt etkileyerek vergiye dirençlerini arttıran yüksek vergi oranları, yine yükümlülerin bir gün denetlenebileceklerini düşünerek yasalara uygun davranma eğilimlerini etkileyen denetim ve ceza olasılığı, verginin temeli ve ilkeleri üzerine toplu bir dünya görüşünü ifade eden vergi felsefesinden yoksun, sürekli değişerek istikrarsız bir yapı arz eden vergi sisteminin karmaşık yapısı, vergi ödeyenleri ödemeyenler karşısında adeta cezalandıran ve vergi ödemeyenlere rekabet üstünlüğü sağlayan vergi afları, halkla ilişkilere önem vermeyen ve vergisini ödemek isteyen yükümlülerin haklı taleplerini karşılayabilme becerisinden uzak vergi daireleri ve son olarak da vergide eşitlik ve adalet ilkesini zedeleyen istisna ve muafiyetlerdir.

3.3.9. Mali Müşavirlik Müessesesi

Vergi kanunlarının karmaşıklığı ve uygulamanın belirsizliği nedeniyle yükümlüler genellikle bir profesyonel vergi danışmanının yardımına ihtiyaç duymaktadır. Bir başka deyişle; sürekli değişen vergi kanunlarını takip etmek ve bürokrasiyi aşmak bir yana, esas faaliyet alanı dışında vergi gibi bir ödevin yerine getirilmesi, yükümlüler açısından bir külfet oluşturmaktadır. Bu ağır bürokratik işlemler ile külfetli işleri başarabilmek için yükümlüler ya muhasebe ve müşavirlik birimleri oluşturmakta ya da dışardan müşavirlik hizmeti temin etmektedir. Dolayısıyla muhasebe ve müşavirlik hizmetini ifa eden profesyonel vergi danışmanları yükümlü ile vergi, sigorta ve diğer idareler arasında bu noktada köprü vazifesi görmektedir. Ancak, belirtmek gerekir ki muhasebe ve müşavirlik hizmetini ifa edenlerin vergi konusundaki kişisel yaklaşımları vergi yükümlülerini paralel yönde etkilediğinden "en iyi müşavir en az vergi ödetendir" şeklinde yaygın esprinin aksine hizmetin vergiye uyumu arttırıcı yönde yürütülmesinin gerekliliği büyük önem arz etmektedir[112].

[112] M. Bülent Aydın, **Kayıt Dışı Ekonomi- Vergi Denetimi- İdari Yapı (2),** Maliye ve Sigorta Yorumları, 15 Şubat 2006.

Dördüncü Bölüm

Kamu Hizmeti Kavramı ve Unsurları

4.1. Genel Olarak

Türk İdare hukukunun en esaslı kavram ve konusu olduğu kabul edilen kamu hizmetinin tanım ve içeriği hakkında tam bir görüş birliğine varıldığı söylenememektedir. Dünya'da meydana gelen ekonomik, siyasal ve toplumsal değişimler ile teknolojik ilerlemeler hiç kuşkusuz kamu hizmeti alanına da yansımakta ve doğal olarak kavram yeniden tanımlanmaya ve içeriğinin belirlenmesine çalışılmaktadır.

Kamu hizmetinin genel bir tanımını ve devletin yerine getirmekle yükümlü olduğu kamu hizmetlerinin tam anlamıyla kapsayıcı bir dökümünü/sayımını yapma imkanı bulunmadığı, Türk İdare Hukuku literatüründe Fransız hukukçu Truchet'in *"Yasa koyucunun tanımlama endişesi olmamış, yargıç değerlendirme özgürlüğünü yitirmemek için tanımlamak istememiş, öğreti ise bütün çabalarına karşılık tanımlayamamıştır."*[113] şeklindeki ifadesi ile anlatılagelmiştir. Genel kabul görmüş bu değerlendirmelerden hareketle, Orak ise Locke'un insan zihni hakkında kullandığı boş levha *"Tabula Rasa"* kavramını kamu hizmeti kavramı için kullanmaktadır[114].

Kamu hizmeti kavramı, içerdiği bu belirsizlikler yanında disiplinler arası bir kavram olarak "*devletin görevleri/işlevleri* şeklinde siyaset bilimi alanında, *kamu kesimi, kamu malı* şeklinde de kamu ekonomisi ve kamu maliyesi alanında işlenmektedir"[115].

Kamu hizmeti kavramı yukarıda yer alan atıfta da belirtildiği üzere disiplinler arası bir özellik arz etmekle beraber öğretide çok sayıdaki çalışmada kamu hizmeti kavramının salt hukuk tekniği açısından ele alındığı ve bu çalışmaların bütüncül bir yaklaşımdan uzak analizler olduğu ileri sürülmüştür. Sedat Çal disiplinler arası bir yaklaşımla ele aldığı doktora tezinde şu görüşleri ileri sürmektedir. "....*Oysa, bize göre kamu hizmeti, idare hukukunun temel bir kavramı olmakla birlikte, salt teknik hukuk yaklaşımıyla algılanamayacak kadar*

---

[113] Turgut Tan, **Anayasa Mahkemesi Kararlarında Kamu Hizmeti Yaklaşımı**, A.Ü.H.F. Dergisi, s. 243.
[114] Cem Çağatay Orak, **Kamu Hizmeti:Tabula Rasa, Avrupa birliği Sürecinde Nasıl Doldurulacak**, T.B.B. Dergisi, Sayı:68, Yıl:2007, s.163.
[115] Onur Karahanoğulları, **Kamu Hizmeti – Kavram ve Hukuksal Rejim**, Birinci Basım, Ankara:Turhan Kitabevi, 2002, s.11.

"disiplinler arası" niteliği haizdir ve bu haliyle "tekil" bir yaklaşımla kavranamayacak kadar geniş bir düzlemi içermektedir. Disiplinin "dışarı" ile kapısını kapatmayan bu yöntem sayesinde idare hukukunun kendi içine kapanmasına engel olunabilecektir. Böylece alanın kavram, ilke ve kurallarının varlığı ve değerleri kendinden menkul olmaktan çıkar, sorgulanmaya, anlaşılmaya ve dönüştürülmeye açık hale gelir. Zira, saf ve kendinden menkul hukuki kavramlar yoktur. Bu durumu dikkate almaksızın "ötesi" ile arasına geçilmez duvarlar koyan hukuk, kendi içine kapanmakta, gittikçe teknik, kısır, anlaşılmaz ve anlamaya yönelik araçlar üretemez hale gelmektedir. Ne var ki, disiplini yer aldığı bağlamından kopararak, herhangi bir bütünsel yaklaşım geliştirmeden salt teknik hukuki araçlarla, bunların işleyiş ve sorunlarıyla uğraşanların, dönüşümler karşısındaki tavırları da sağlıklı olamaz."[116]

Bütün bu tanımlama zorluklarına rağmen kamu hizmeti kavramı organik, maddi ve şekli açılardan da tanımlanmaya çalışılmıştır. Bu tanımlamalara kısaca değinmek gerekirse, organik açıdan kamu hizmeti, bir görevi yürütmek için bir kamu tüzel kişisi tarafından hizmeti yerine getirmek üzere görevlendirilmiş kamu görevlileri ve tahsis edilmiş mali araçların bütünüdür[117]. Maddi açıdan kamu hizmeti, giderilmesinde kamu yararı bulunan toplumsal bir ihtiyacı karşılayan faaliyetler olarak tanımlanmaktadır. Şekli açıdan kamu hizmeti ise, giderilmesinde kamu yararı bulunan bir toplumsal ihtiyacı karşılamak amacıyla, kamu tüzel kişileri veya onların gözetim ve denetimi altında özel girişim tarafından özel bir hukukî rejim içerisinde yürütülen faaliyetler olarak tanımlanmıştır[118]. Bütün bunların yanında kamu hizmeti genellikle idarenin ve hatta devletin varlık sebebi olarak görülmüştür. Bu görüşe göre devlet, kamu hizmetleri teşkilatının bütünüdür[119].

4.2. Kamu Ekonomisi, Kamu Hizmetleri ve Vergi

Kamu mal ve hizmetlerinin üretilmesi ve bunun için harcamaların yapılabilmesi için gerekli finansman kaynakları arasında; gerek kamu maliyesi literatüründe ve gerekse uygulamada devlet açısından en sağlam gelir kaynağının vergi gelirleri olduğu konusunda genel bir kabul bulunmaktadır. Bütçe kaynaklarının temel olarak devletin vatandaşlarından aldığı vergi, resim, harç ve benzeri mali yükümlülüklerden oluştuğu düşünüldüğünde, denilebilir ki;

---

[116] Sedat Çal, **Türkiye'de Kamu Hizmeti ve İmtiyazın Dönüşüm Öyküsü**, T.O.B.B. Yayınları, 2008, s.10.
[117] İsmet Giritli ve Tayfun Akgüner, **İdare Hukuku Dersleri**, İstanbul, 1987, s. 127.
[118] Metin Günday, **İdare Hukuku,** Ankara :İmaj Yayıncılık, 2003, s. 282.
[119] Karahanoğulları, s.54.

devletin vatandaşlarına sağladığı bütün hizmetlerin bedelini yine vatandaşlar öder. Bu nedenle, devletten talep edilen bir hakkın bedelinin yine vatandaş tarafından ödeneceğini kamuoyu iyi bilmelidir[120].

Demokratik sistemlerde seçmen daha fazla kamu hizmeti beklerken, karşılığında daha az vergi ödeme istemek gibi paradoksal bir eğilime sahiptir[121]. Öte yandan, kimi zaman devletin adil biçimde vergi almak yerine, siyasi bir tasarrufla vergi toplama konusunda gereken iradeyi göstermeyip, eksik kalan kısmı borçlanma yoluyla karşılama eğilimine girebildiği; bunun ise bir anlamda vergi olarak bir kesimden alabileceği veya alması gereken tutarı borç olarak alıp faiz ödemesinde bulunmak suretiyle sermaye kesimine toplumun geneli üzerinden kaynak transferi gerçekleştirdiği yolunda eleştiriler de getirilmektedir.

4.2.1. Kamu Hizmetinin Hedef Kitlesi ve Vergi Yükümlüleri

Kamu hizmetlerinin hedef kitlesi şüphesiz ki bütün vatandaşlardır. AB'nin kabul ettiği tanıma göre; sosyal mallar/kamu hizmetleri; tüketimleri her yurttaş açısından birlikte ve eşit olan malın/hizmetin tamamı olan mal ve hizmetlerdir[122]. Bu tanımdan da anlaşılacağı üzere kamunun memnun edeceği hedef kitle vatandaşlardır. Dolayısıyla kamu tarafından sunulan hizmetlerin müşteri/vatandaş kitlesinin ihtiyaçlarını karşılaması gerekir. Kamu hizmetinin mantığına bakıldığında kavramın içeriğinde kâr olgusu bulunmadığı görülür. Toplumun ortak ihtiyaçlarının karşılanması amacıyla kamu hizmeti kurulmakta ve bu süreçte kamu kuruluşu-vatandaş ilişkisi ortaya çıkmaktadır. Ancak günümüzde kamu hizmetleri devletin gözetimi ve denetimi altında özel sektör tarafından da sunulmaktadır. Bu açıdan bakıldığında, kamu hizmetlerinde kalitenin sağlanması için vatandaşın müşteri gibi görülerek *müşteri/vatandaş odaklı* bir anlayışın benimsenmesi prensip olarak kamu hizmeti kavramının genel mantığına aykırı düşmemektedir.Ekonomik, teknolojik, toplumsal ve kültürel değişimlerin yoğun olarak yaşandığı günümüz dünyasında, kamu yönetimi ve vatandaşlar arasındaki ilişkiler önemli farklılaşmalar göstermektedir. Vatandaşlar, bazı durumlarda yönetimin müşterileri olarak algılanmaya başlanmıştır.

---

120 Vural Savaş, **Yeni Anayasa için Ekonomik Anayasa Önerileri**, http://www.anayasa.gov.tr/eskisite/anyarg11/vuralsavas.pdf, Erişim: [21 Aralık 2008].
121 Hakkı Odabaşı ve Kamil Güngör, **Yürütmenin Sınırlandırılması ve Anayasal Bütçe Yaklaşımı, Yeni Türkiye Dergisi,** Sayı 30, Kasım-Aralık 1999, Aktaran: Sedat Çal, **Türkiye'de Kamu Hizmeti ve İmtiyazın Dönüşüm Öyküsü**, TOBB Yayınları, 2008, s. 3.
122 TİSK, **Türkiye'de Kamu Hizmetlerinin Veya Devletin Yeniden Örgütlenmesi,** www.tisk.org.tr/yayinlar, Erişim: [28 Ekim 2009].

Kâr amaçlı olarak üretilen mal veya hizmet ile bunun kullanıcısı arasındaki üretici-müşteri ilişkisi; kamu hizmeti ile hizmetten yararlananlar arasında kamu kuruluşu-vatandaş ilişkisi şeklinde ifade edilmektedir. Kar amacıyla üretilmiş bulunan bir mal veya hizmeti satın alan müşteri, ödediği bedelin karşılığını aldığını düşünürken; kamu hizmetinden yararlanan vatandaşlar, genellikle bir lütuf veya ihsan ile karşılaştıklarını düşünmektedirler[123]. Bu algılama, kamu hizmetinin her zaman devletin bedelsiz olarak sunmak zorunda olduğu bir hizmetmiş gibi düşünülmesine yol açmaktadır.

4.2.2. Kamu Hizmeti Finansörlüğü ve Vergi Yükümlülüğü

Sağbaş ve Saruç'un Türkiye ölçeğinde vergi politikalarının seçmenlerin parti tercihi üzerindeki etkisini inceledikleri bir çalışmada seçmenlerin siyasi parti tercihinde vergi politikalarının etkili olmadığı tezinin geçerli olduğu sonucuna ulaşmışlardır[124]. Bu sonuç, seçmenlerin yaklaşık yüzde 10'unun gelir vergisi yükümlüsü olduğu ve vergi tabanının son derece dar olduğu ülkemiz için hiç de şaşırtıcı değildir. Vergi ödemediği halde kamu hizmetlerinden yararlanan ve dolayısıyla vergilerin nasıl harcandığı konusunda pek de duyarlı olmayan bir seçmen kitlesi söz konusudur. Oysa demokrasinin bir topluma yerleşebilmesi için, vatandaşın aldığı kamu hizmeti ile ödediği vergi arasında bir bağlantı olduğu, bu değiş tokuşun ne ölçüde etkin yapıldığı ve adil dağıtıldığı konusunda vatandaş/seçmen/vergi yükümlüsü duyarlılığının yaygınlaştırılması gerekir.

"Literatürde vergi mükellefi olmadığı halde kamu hizmetinden yararlanan ve seçmen sıfatına sahip olanlara 'free rider' yani bedavacı (beleşçi de denebilir)"[125] denilmektedir. Hem maliyeciler ve hem de siyaset bilimciler açısından seçmenlerin vergi yükümlüsü olma oranı demokrasi için önemli bir ölçüt olarak kabul edilmektedir. Batı ülkelerinde ortalama olarak yüzde 70 civarında olan bu oran, ülkemizdeki durumun aksine oradaki seçmenlerin büyük çoğunluğunun vergi yükümlüsü olduklarını göstermektedir.

Türkiye'deki duruma bakıldığında ise; kayıtlı seçmen sayısı 1 Kasım 2015 genel seçimler itibariyle yurtiçinde 54.75,831 olarak görülmektedir[126]. Gelir İdaresi'nin verilerine göre

---

[123] Özcan Sezer, **Kamu Hizmetlerinde Müşteri Vatandaş Odaklılık: Türkiye'de Kamu Hizmeti Anlayışı Açısından Bir Değerlendirme,** ZKÜ Sosyal Bilimler Dergisi, Cilt:4, Sayı 8, 2008, s. 155.
[124] İsa Sağbaş ve Naci Tolga Saruç, **Vergi Politikalarının Seçmenlerin Parti Tercihi Üzerindeki Etkisi,** Vergi Sorunları Dergisi, Eylül 2003, s.180.
[125] Metin Taş ve Özcan Sezgin, **Vergi mükellefi Seçmen İlişkisi,** www.aksam.com.tr, Erişim: [12 Mar 2009].
[126] www.ysk.gov.tr, Erişim: [12.05.2016].

ülkemizde beyanname vermekle yükümlü bulunan mükellef sayısı ise vergi türlerine göre 2016 yılı Nisan ayı itibariyle şöyledir:

- Gelir Vergisi faal mükellef......................1.805.123
- Kurumlar Vergisi faal mükellef..............710.738
- Katma Değer Vergisi faal mükellef.........2.462.912

Ülkemizde faal mükellef sayısı ile kayıtlı seçmen sayısı karşılaştırıldığında, bu çelişik durum vergi adaletinin temelden zedelendiği açıkça göstermektedir. Bir başka söyleyişle; toplumun oldukça büyük bir kesiminin kamu harcamalarının finansmanına doğrudan katılmadıkları halde, seçmen sıfatıyla karar almada belirleyici bir konumda oldukları ve kamu hizmetlerinden yararlandıkları halde, kamu hizmetlerinin finansmanında -dolaylı vergiler dışında- vergisel anlamda bir katkıları bulunmadığı ortaya çıkmaktadır.

4.3. Kamu Hizmetlerine Yönelik Algılar

4.3.1. Türkiye'de Devlet Geleneği ve Bürokrasi Açısından Kamu Hizmeti Algısı

Bürokrasi, Türkiye için diğer bütün ülkelerden ayrı bir önem taşımaktadır. Fransızca kökenli olan *bürokrasi* kelime olarak "büro" (Bureau: İş, Çalışma odası) kelimesinden türetilmiş geniş anlamda idare, devletin ve yürütme organlarının görünen yüzü olup kamu hizmetini üreten, sunan ve dağıtan, kural koyma ve yaptırım uygulama gücüne sahip ve toplumla sürekli temas içinde olan bir mekanizmadır. Günlük hayatta çoğu zaman ondan bir şikayet ve sızlanma söz konusu olup *kırtasiyecilik* olarak ifade edildiği bir gerçektir. Bürokrasinin ilkelerini ilk kez Alman sosyolog Max Weber (1864-1920) sistematik bir biçimde tanımlamıştır[127]. Türkiye'de tarihsel süreç içerisinde devlet-vatandaş ilişkilerine bakıldığında aralarında bir kopukluğun olduğu göze çarpmaktadır. Bu manada halkın yönetime katılması anlayışının ve bireylerin devleti algılama tarzının batılı ülkelerden çok farklı olduğu ifade edilmelidir.

Türk bürokrasisi, merkezi otoritenin güçlü olduğu bir devletin varlığını temel koşul sayan ve bu politikayı uygulamak ve uygulatmakla devleti koruyup kolladıkları inancını taşıyan

---

[127] **Bürokrasi ve İnsan Hakları**, Türkiye Barolar Birliği Yayını, Ankara, 2006, s.7.

kamu personelinin oluşturduğu baskın bir sosyal gruptur[128]. Bu bakımdan geleneksel kamu yönetimi, salt veya ideal anlamıyla, örgüt veya yönetim merkezli, ama yurttaş için bir yönetim modelidir. Bu yönetim anlayışında yurttaşlar soyut bir tarzda algılanmaktadır. Yönetim daha çok dışa kapalı bir nitelik taşımakta, yurttaşların genel veya özel beklenti veya duygularını kamu yönetimine yansıtmalarına yeterince izin verilmemektedir. Yönetim mekanizmasının kamu yararı güdüsüyle yurttaşlar için en uygun kararları alarak uygulaması öngörülmektedir. Yönetimin karar ve uygulamaları yönetimden halka doğru tek yönlü bir yol izlemelidir. Bu durum, yurttaşlara karşı tarafsız ve eşit bir kamu hizmeti sunumunun güvencesi olarak görülmektedir[129].

İl Han Özay, *Günışığında Yönetim* adlı kitabında idarelerin sahip olduğu hukuki güç ve yetkilerden, ayrıcalıklı rejimlerinden söz ettikten sonra idarelerin davranış biçimini *"... dostluk yoluyla varılabilecek çözümleri reddeden, didişme konusunda açgözlü, idare mahkemelerini işten başını alamaz hale getiren, yargı yerleri kendisini haksız çıkardığında da genellikle bu kararları uygulamaktan kaçan ... uyuşmazlıktan zevk alır gibi müsaadeye dayanan gücü de sanki en görkemli noktasına kendisinden isteneni geri çevirdiği zaman ulaşıyor sanılan ... biraz daha cana yakın olma fikri bile kendisini kahreden"*[130] şeklinde ifade etmektedir.

"Halkın bürokrasi konusundaki yakınmaları, kurumların kuralcı, kırtasiyeci, her alana müdahale eden, halkın taleplerine karşı ilgisiz ve kendini onun üzerinde gören, israfçı ve kendi içine kapalı tutumundan kaynaklanmaktadır"[131]. Ayrıca vatandaşlık bilincinin gelişmemesi, halkın yönetime katılma isteklerinin az oluşu, devlet-baba imajı, temel hak ve özgürlüklerin yeterince bilinememesi gibi nedenler, müşteri/vatandaş odaklı etkin bir devletin ortaya çıkmasını engellemektedir[132].

4.3.2. Kamu Hizmetlerinden Yararlananlar Bakımından Hizmet Algısı

Weber tarafından toplum için gerekli kabul edilen bürokrasi, çağdaş kamu yönetimi anlayışında anlamını kısmen kaybetmiş ve halkın gözünde; konumunu çıkarları için kullanan

---

[128] Orak, s. 205.

[129] Murat Yıldırım, **Kamu Yönetiminde Yeni Bir İkilem: Yurttaş Odaklılık Ya Da Müşteri Odaklılık,** C.Ü. İİBF Dergisi, Cilt:10, Sayı:1, 2009, s. 108.

[130] İl Han Özay, **Günışığında Yönetim**, İstanbul, 1992, s.7.

[131] Eryılmaz, s.244.

[132] Nevzat Saygılıoğlu ve Selçuk Arı, **Etkin Devlet/Kurumsal Bir Tasarı ve Politika Önerisi,** Sabancı Üniversitesi Yayınları, 2003, s.94.

hantal bir yapı, işlerin devamlı aksadığı, yürümediği, kırtasiyeciliğin had safhada olduğu bir örgüt olarak ifade edilir olmuştur. Kamu kurumları her şeyden önce ürettiği hizmeti duyurmak ve ondan yararlanılmasını sağlamak durumundadırlar. Algı yönetiminde önemli olan kurum ya da kuruluşun ne olduğu kadar, nasıl algılandığıdır. Bu manada dünyanın en mükemmel, en başarılı, en güvenilir kurumu olmak yetmemekte, hedef kitlenin algısının yönetilmesi gerekmektedir.

Kamu kurumları temel hizmetleri yürüttükleri için muhatapları ülkede yaşayan bütün insanlardır. Dolayısıyla kamu kurumlarının ülkenin bütün insanlarından müteşekkil hedef kitlesi ile kurduğu iletişimde, ortak bir nokta arama çabası içinde olması gerekmektedir. Bu doğrultuda doğruluk temeline dayandırılan bilgilerin hedef grupla paylaşılarak, alınan tepkilerin değerlendirilmesi, hizmetlerde düzenleme, geliştirme, değiştirme yapma, ortak bir zeminde buluşma imkanı yaratacaktır. Eleştiriye, takdire açık şeffaf bir iletişim, kurumların ve kamu hizmetlerinin kamuoyundaki algısını olumlu yönde değiştirecektir.

Fikret Adaman, Ali Çarkoğlu ve Burhan Şenatalar tarafından 8 Kasım-23 Aralık 2008 tarihleri arasında gerçekleştirilen Toplumun Kamu Yönetimine ve Kamu Hizmetlerine Bakışı anketi çerçevesinde 25 ilde kent nüfusunu temsil eden 2040 kişi ile görüşülmüştür[133].

Çalışmanın bulguları kısaca özetlendiğinde:

- "Herhangi bir dernek, kulüp, sendika, vakıf gibi gönüllü kuruluşa üye misiniz" sorusuna olumlu yanıt verenlerin oranı %10 dur. Buradan çıkan sonuç ile, vatandaşların sivil toplum kuruluşlarına verdiği önemin çok yetersiz olduğu görülmektedir.
- "Türkiye'nin çözülmesi gereken en önemli sorunu nedir" sorusuna alınan yanıtlar incelendiğinde de ilk beş yanıt: İşsizlik (%39), ekonomik istikrarsızlık ve kriz (%20), enflasyon ve hayat pahalılığı (%20), eğitim (%5), rüşvet ve yolsuzluk (%3) olduğu yönündedir. Diğer alınan yanıtlar ise, demokrasi ve fikir özgürlüğünün olmaması (%2), ahlaki yozlaşma (%2), sağlık ve sosyal güvenlik (%1), Irak'taki karışıklıklar (%1) şeklindedir.
- Çalışmada, merkezi yönetimin hizmetlerinden memnuniyet ortalaması 2004 yılında %5.8 den %4.9 a gerilediği saptanmış iken, yerel yönetimlerin hizmetlerinden

133 TEPAV, **Toplumun Kamu Yönetimine ve Kamu Hizmetlerine Bakışı**, *www.tepav.org.tr/Toplumun_Kamu_Yonetimine_ve_Kamu_Hizmetlerine_Bakisi.pdf*, Erişim: [13 Temmuz 2009].

memnuniyet ortalaması %5.3 ten %5.5 e yükseldiği görülmüştür. Hizmet türlerine daha ayrıntılı bakıldığında, yerel hizmetlerde çöp toplama, sokakların temizliği, oyun ve park alanları ve sokakların aydınlatılması gibi konularda memnuniyet artışı açıkça göze çarpmaktadır.

- Merkezi ve yerel yönetimin kayırma ilişkilerine ne ölçüde girdiğine ilişkin algılar sorgulandığında, alınan yanıtlar, 2004 yılına göre kayırmanın merkezi yönetimde hafifçe artmış, yerel yönetimde ise hafifçe azalmış olduğu yönündedir.
- Kurumlarda algılanan rüşvet düzeyine ilişkin sorulara alınan yanıtlar ise 2004 yılına göre belirli alanlarda bir iyileşme algısını yansıtmaktadır. Örneğin 0–10 arası bir ölçek (0=hiç rüşvet yok ve 10= rüşvet çok yaygın) kullanılarak yanıtlanması istenen bu soruya alınan yanıtlara göre, ortalama puan hastaneler için 5.3 ten 4.3 e, trafik polisi için 7.6 dan 6.5 e gerilemiştir. Diğer kurumlarda kayda değer bir değişme saptanmadığı görülmüştür.

4.4. Yeni Kamu Hizmeti Anlayışı ve İyi Yönetişim

4.4.1. Genel Olarak

Yeni Kamu Yönetimi (YKY) anlayışı, klasik anlamda iş yapmaya dayanan kamu yönetiminin yapısı ve işleyişine yöneltilen eleştirilerden destek alarak iletişim ve teknoloji alanındaki gelişmelere paralel olarak özel sektörde gözlemlenen değişim sonucu ortaya çıkmıştır. İlk önce Thatcher döneminde İngiltere'de ortaya konan uygulamalarla başlayan bu akım daha sonra muhafazakâr hükümetler eliyle tüm gelişmiş ülkelerin kamu yönetimi sistemlerini etkilemeye başlamıştır. Bu yeni yaklaşımların ortaya çıkmasına neden olan faktörler şu şekilde sıralanmaktadır[134].

- Politik deneyimler ve yeni politik iktisada ilişkin çalışmalar, kamusal malların sunumunun tarafsız ve politika dışı bir kamusal alanda meydana gelmediğini göstermiştir.
- Devletin ekonomik ve mali alandaki rol ve fonksiyonlarında görülen değişimler, kamusal malların sunumunda devletin rolünü değiştirmiştir.

---

[134] Dilek Dileyici ve Tarık Vural, **"Kamusal Mallar Teorisinde Yeni Gelişmeler"**, **Kamu Ekonomisi ve Kamu Politikaları** (Edit: Coskun Can Aktan – Dilek Dileyici– İstiklal Y. Vural), Birinci Baskı, Seçkin Yayınları: Ankara, s. 43.

- Kamusal mallar teorisinde yer alan kamusal kavramının, söz konusu malın devlet tarafından sunumu anlamına gelmediği ve devletin bu malların sunumunda belirleyici olan faktörlerden birinin kamusallığın derecesi olduğu anlaşılmıştır.
- Kamusal malların finansmanında devletin mali kaynaklarının yetersiz kalması devlet dışında alternatif mal ve hizmet sunum ve finansman yöntemlerine başvurulmasına neden olmuştur.
- Teknolojik gelişmeler, bazı kamusal malların üretim yapısında değişikliklere neden olmuştur.

Yeni kamu yönetimi akımının temel amaçlarından biri, geliştirdiği yeni anlayış doğrultusunda devlet yönetiminde etkinliğin nasıl sağlanacağı sorusunun cevaplanmasıdır. Ancak yeni gelişmeler modern devletin fonksiyonlarını bu tarz bir etkinlik anlayışından çok daha fazla anlamlar içeren hesap verilebilirlik, yurttaş isteklerine duyarlılık, devletin denetiminin sağlanması, şeffaflık ve katılım gibi daha geniş perspektiflerle ele alan yönetişim kavramı etrafında toplanmaktadır. Kavram, ilk defa 1989 yılında yayımlanan Dünya Bankası'nın bir raporunda 'good governance' olarak yer almıştır. Raporda yönetişim üzerine açık bir tanım yapılmamış ancak, kavram daha sonra OECD ve Birleşmiş Milletler tarafından da kullanılarak, bu üç örgütün çeşitli toplantı ve yayınlarıyla açık bir formül haline getirilmiştir. 1989 Dünya Bankası, 1992 OECD, 1992'de gerçekleştirilen Rio Zirvesi, Habitat toplantıları ve son olarak 1997'de Birleşmiş Milletler, "governance" terimi çerçevesinde 21. yüzyılın katılımcı devlet modelinin genel hatlarını çizmişlerdir[135].

Dünya Bankası'nın yönetişim üzerine odaklandığı ve bu konuda daha geniş açıklamalar getirdiği doküman 1992 tarihli "Governance and Development" başlıklı rapordur. Raporda, ülkelerin kalkınmaya hizmet edecek güçlü bir yönetime sahip olabilmesi için güçlü hukuksal-kurumsal yapılara sahip olmalarının zorunlu olduğu vurgulanmış ve devletin kapasitesinin önemine dikkat çekilmiştir. Bu çerçevede, öngörülebilir bir hukuksal-kurumsal çerçevenin bulunmaması, keyfilik-yolsuzluk, hantal bürokrasi, karar alma süreçlerinin şeffaf olmaması gibi sorunların varlığı *kötü yönetişim* olarak ifade edilmiş, *iyi yönetişim* için ise öngörülebilir bir hukuksal-kurumsal çerçevenin oluşturulması, hesap verebilirlik, şeffaflık, hızlı ve adil bir hukuk sistemi, insan haklarına saygı, kamu hizmetlerinin etkinliği gibi

---

[135] M. Akif Çukurçayır ve Esra B. Sipahi, **Yönetişim Yaklaşımı Ve Kamu Yönetiminde Kalite,** Sayıştay Dergisi, Temmuz-Ağustos, Sayı: 50-51, s. 45.

ilkelerin gerekliliği vurgulanmıştır. Dünya Bankasının yönetişim konusunda 1992 tarihli raporunda ortaya koyduğu ilkeler 1997 tarihli "The State in a Changing World" başlıklı rapor ile daha da geliştirilmiştir. Rapora göre, sürdürülebilir kalkınmayı sağlayabilmek için, hukuki altyapının güçlendirilerek yolsuzluğun ortadan kaldırılması, hesap verilebilirliğinsağlanması, hizmet sunumunda rekabetin tesis edilmesi, yerelleşme ve yerel yönetimlere yetki devri ile iş dünyasının ve sivil toplumun katılımının sağlanması gerekmektedir. [136].

4.4.2. Yeni Kamu Yönetimi Anlayışının Hizmet Sunumuna Etkisi

Yeni Kamu Yönetimi anlayışı, kamu hizmetlerinin üretilmesi ve yönetilmesi işlevlerini birbirinden ayırmakta ve yönetim sorumluluğunu kendinde kalmak üzere hizmet üretimini piyasa koşullarına bırakmaktadır.

Bu şekilde YKY akımı ile bir taraftan özelleştirme ve kamu hizmetlerinde alternatif hizmet sunum mekanizmaları ile devletin küçültülmesi hedeflenirken, diğer taraftan da yerinden yönetim ve yerellik gibi ilkelerin vurgulanması ile yerel yönetimler güçlendirilmeye çalışılmakta ve sayıları giderek artan bağımsız idari kurullar kurularak klasik kamu bürokrasisi dışına taşan ve düzenleyici kararlar alıp uygulayan kamu örgütleri oluşturulmaktadır[137].

Kamu hizmet sunumuna teorik ve pratik anlamda önemli yansımaları olan YKY anlayışı halen gelişimini sürdürmeye devam etmektedir. Kaynağını teorik bir temelden ziyade kamu yönetiminin pratiğinden almakta olan YKY değişik ülkelerdeki en iyi uygulamalar (best practices) yoluyla ve IMF, Dünya Bankası, OECD, AB gibi bazı uluslararası aktörler yardımıyla hızla başka ülkelerde de etkilenmelere yol açtığı ve böylece kendisinin de dinamik bir yapı ve değişim içerisinde olduğu değerlendirilmektedir. Yeni Kamu Yönetimi yaklaşımı performansa, sonuçlara, hizmetlerde niteliğe, etkinliğe, verimliliğe, vatandaşa, sivil topluma ve piyasa sisteminin önemine vurgu yapmaktadır[138].

---

[136] Ceren Kalfa ve Faruk Ataay, **Yönetişim: Devlet-Toplum İlişkilerinde Yeni Bir Aşama,** Ç.Ü. Sosyal Bilimler Enstitüsü Dergisi, Cilt 17, Sayı 3, 2008, s.233.

[137] Şinasi Aksoy, **"Kamu Yönetimi Nereye Gidiyor? Bir Durum Saptaması" II. Kamu Yönetimi Forumu,** 7-8 Ekim 2004, Hacettepe Üniversitesi İİBF, Aktaran: Asım Balcı, Kamu **Yönetiminde Çağdaş Yaklaşımlar Ve Kamu Hizmet Sunumuna Etkileri**, http://www.sobiadacademy.net/sobem/e-kamuyonetim/kamuda-kalite/balci.pdf, Erişim: [1Kasım2009].

[138] M. Akif Özer, **Günümüzün Yükselen Değeri: Yeni Kamu Yönetimi,** Sayıştay Dergisi, Sayı: 59, s. 10.

4.4.3. Yönetişim Kavramı Etrafındaki Tartışma ve Eleştiriler

Yönetişim kavramının, hiyerarşinin olmadığı yatay nitelikteki bir yönetim olgusuna işaret ettiği öne sürülmüştür. Yine bu model içinde; sadece hükümet birimlerinin ve görevlilerinin değil, aynı zamanda hükümet dışı kuruluşların, özel ve gönüllü organizasyonların, bilim adamlarının, uzmanların ve yurttaşların katılımı söz konusudur. Ancak bu yaklaşım birçok bakımdan eleştiriye de açıktır. İlk olarak, yönetim sürecinde hükümetin rolünü azaltarak, hükümet dışı kişi ve kuruluşların katılımına ağırlık veren yönetişim modeli, bu niteliği ile hükümet etme mekanizmasını belli bir ölçüde özelleştirmiş olmaktadır. Bu model çerçevesinde yönetim mekanizmasının neredeyse politika dışı bir alan haline getirildiği ve yönetimin teknokratik yanı ağır basan bir süreç olarak düşünüldüğü görüşü hakimdir[139].

Ayrıca yönetişim yaklaşımı *katılımcı ama anti-demokratik bir model* olarak da değerlendirilmektedir. Bu görüşe göre; katılım, devlet mekanizmalarına çeşitli unsurların etki etmesi ya da o mekanizmalarda yer alması anlamında alındığında bu model katılımcıdır, ancak katılımcı modellerin demokratik olup olmadığını, katılanın kimliği ve katılanlar arasındaki dengelilik belirler. Bu görüşe göre; sivil toplum kurumu adı verilen yapılar hem nicelik, hem de nitelik itibariyle sermaye tabanlı kurumlar olarak değerlendirilmekte, bu nedenle de yönetişim, *bir tarafta bürokrasi, öbür tarafta iki sandalyede sermayenin oturduğu bir model* olarak nitelendirilmektedir.

Bu paralelde sermayenin toplumu temsil edemeyeceği üzerinde durulmakta, yönetişim bir *sermaye-burjuvazi diktatörlüğü* olarak değerlendirilmektedir.[140]. Bu minvalde yönetişimin, sermayeye açtığı iktidar sandalyesiyle kamu kudretini kapitalizmin egemen sınıfına teslim etmekten başka bir hedefe sahip olmadığı ifade edilmektedir[141].

Diğer bir eleştiri noktasını da, ulus devlete yönelik kaygılar oluşturmaktadır. Çünkü ulus devlet bir yandan küresel kurumlarla bütünleşmekte, diğer taraftan 'siyasal iktidarın dağıtılmasıyla' yerel alana doğru parçalanmakta, dolayısıyla iki yönlü bir kan kaybı yaşamaktadır. Bunların dışında ulusal ekonomiye yönelik kaygılar da tartışma ve eleştirilerin temelini oluşturmaktadır. Buna göre neoliberal politikalar beraberinde, ulusal

---

[139] Mehmet Yüksel, **"Yönetişim (Governance) Kavramı Üzerine"**, "Cevat Geray'a Armağan", Mülkiyeliler Birliği Yayınları, Sayı: 25, s. 860.
[140] Birgül Ayman Güler, **"Devlette Reform", Kamu Yönetimi Dünyası,** Yıl: 4, Sayı: 13, Ocak- Mart 2003, s.7.
[141] Birgül Ayman Güler, **"Yönetişim: "Tüm İktidar Sermayeye"**, Praksis, Kış-Bahar, 2003, s. 95.

otoritelerin ulusal çıkarların korunması konusunda özenli olmamaları sonucu önemli ekonomik kaynak transferleri yaşanmakta ve böylelikle bir *küresel sömürü* ortamı yaratılmaktadır. Böylelikle azgelişmiş ülkeler gelişmiş ülkelerin banliyöleri haline gelmektedir[142].Genel kabul gören anlayışta, YKY anlayışı, politikadan yönetime bir yönelimi ifade etmektedir. Bu anlayış, kamu hizmetlerinin üretilmesi ve yönetilmesi işlevlerini birbirinden ayırmakta ve yönetim sorumluluğunu kendinde bırakarak hizmet üretimini piyasa mekanizması koşullarına bırakmaktadır[143]. Yeni kamu yönetimi anlayışında reformların temel yönü şu şekilde sıralanmaktadır[144].

- Hem tepeden aşağıya ve hem de merkezden taşraya doğru yetki dağıtmak ve böylece katı bir merkeziyetçi yönetimden uzaklaşmak,
- Buna karşılık kurum ve kuruluş yönetimlerini daha zorlayıcı performans taahhütleriyle; sayıca daha az fakat daha etkili kontrollerle ve hesap verme yükümlülüğüyle bağlamak,
- Kıt olan kamu kaynakları için, bütçe ödeneklerinden pay alma konusunda kamu kurum ve kuruluşları arasında rekabet ortamları yaratmak,
- Mal ve hizmet üretiminde vatandaşların istek ve taleplerine karşı çok daha duyarlı politikalar izlemeyi kamu kurum ve kuruluşlarının birincil amacı haline getirmek,
- İnsan kaynakları yönetiminde iyileştirmeler sağlamak,
- Bilişim teknolojisinden alabildiğine yararlanarak hizmetleri daha hızlı, ucuz ve kaliteli üretebilmek,
- Kural koyma hizmetlerinin kalitesini yükseltmek.

Görünürde sadece devletin yetkilerinin paylaşılmasını öngören demokratik bir ilke olarak sunulmakla birlikte yönetişimin aslında küreselleşmenin de etkisi ile artan eşitsizliklere karşı doğması, muhtemel direniş ve karşı hareketleri önlemek, yani serbest piyasa ekonomisi için gerekli zeminin oluşumunu yönetebilmek amacıyla geliştirilen bir kavram olduğu da ileri sürülmektedir[145]. Esasen, genel olarak bakıldığında idare hukukumuzda da bu kavram yerine ikame edilmeye müsait hatta onunla aynı amaca hizmet eden bir takım mekanizmalar da yok değildir. Esas itibariyle yargı içtihatlarında geliştirilmiş olan ve idareye karşı bireyin

---

[142] Birgül Ayman Güler, **Yeni Sağ ve Devletin Değişimi-Yapısal Uyarlanma Politikaları**, TODAİE Yayını: Ankara, 1996, s. 54.

[143] Bilal Eryılmaz **"Kamu Yönetiminde Değişim"** , **II. Kamu Yönetimi Forumu,** 7-8 Ekim 2004, Hacettepe Üniversitesi İİBF, Ankara, s. 57.

[144] Abdulsamet Alkış, **Yönetim Sorumluluğu Modelinde Hesap Verme Sorumluluğu**, Kamu Hesaplarına Uzman Bakış, s.15.

[145] Sabrina Kayıkçı, **Küreselleşmenin Kamu Yönetimi Paradigmasına Etkisi ve Türk Kamu Yönetimine Yansımaları,** Mülkiye Dergisi, Cilt: XXXI, Sayı:256, s.169.

haklarını güvence altına alan *kazanılmış hak ilkesi, ölçülülük ilkesi, bilanço ilkesi, idarenin açıklığı ilkesi, bilgi ve belgelere ulaşma hakkı ilkesi, savuma hakkı ilkesi, kamu hizmetlerine girmede eşitlik ilkesi* gibi ilkeler idari yargı yerlerince yönetişim kavramından önce de hukukumuzda yer almakta ve yargı denetiminde dikkate alınmakta idi. Ancak dikkat edilirse, tüm bu ilkelerin referansı idare hukuku ve kamu hukukunun temel kalıpları ve kurumları olarak karşımıza çıkmaktadır. Yönetişim kavramı ise *neo-liberal anlayışa* dayanmaktadır[146].

4.4.4. Yönetişim Kavramı ve Türkiye

Bu kavram Türkiye gündemine ise 2000 yılında TÜSİAD, OECD, DB ve AB ortaklığıyla yapılan *AB Yolunda İyi Yönetişim* adlı bir toplantıyla girmiştir. Formül, ilk olarak Kemal Derviş'in *Güçlü Ekonomiye Geçiş* programında yer almıştır. Ardından da *58. Hükümet'in Acil Eylem Planı*'nda devlet reformunun adı olarak belirmiştir[147]. Yönetişim, hem küresel ve yerel boyutları hem de ekonomik, yönetsel, siyasal ve kültürel boyutları olan bir kavram olup TODAİE'nin Kamu Yönetimi Sözlüğüne göre, "Bir toplumsal politik sistemdeki ilgili bütün aktörlerin ortak çabalarıyla elde edilen sonuçların oluşturduğu yapı ya da düzen"dir[148].

Birleşmiş Milletler Kalkınma Programı (UNDP)'nin Türkiye Yönetişim Programı'nda; yönetişim, bir ülkenin idaresinde tüm düzeylerde, politik, ekonomik ve idari otoritenin kullanımıdır. Yönetişim, vatandaşların çıkarlarını birleştirdiği, farklılıkları arasında orta yol bulduğu, hak ve sorumluluklarını hayata geçirdiği, mekanizmaları, süreçleri ve kurumları kapsar[149]. Yönetişim, devleti kuşatır, ama devleti aşarak özel sektörle sivil toplumu da kapsar[150].

4.5. Kamu Hizmetlerinin Sunumuna Yönelik Gelişmeler

Kamu hizmeti anlayışı ve ilkelerindeki dönüşüme paralel olarak, kamu hizmeti üretim ve sunumu yöntemlerinde de dönüşüm gözlenmektedir. Sosyal devlet döneminde, birçok devlette en yaygın olarak uygulanan hizmet sunum biçimi merkezi yönetimce belirlenen hizmetlerin tüm ülke çapında tek tip bir biçimde sunumu olmuştur. Ancak, tercih yokluğu

---

[146] Orak, s.232.
[147] Ayman Güler, s.7.
[148] **Kamu Yönetimi Sözlüğü,** TODAİE Yayınları:Ankara, 1998, s. 274.
[149] **Türkiye Yönetişim Programı,** www.un.org.tr, Erişim: [16 Haziran 2009].
[150] Ayman Güler, s.7.

ya da sınırlılığı, müşteri odaklı bir yaklaşımın olmaması, hantallık, kırtasiyecilik ile düşük verimlilik bu modele yapılan en yaygın eleştirilerdir[151].

Bu ve benzeri eleştirilerin sonucu olarak tercih, rekabet, yerel çeşitlilik, piyasa ve özel girişimcilik için daha fazla olanak sağlanmasının gerekliliğini savunan çözüm önerileri ortaya konmaya başlanmıştır. Bu çerçevede kamu hizmetlerinin azaltılması ve devletin işlevlerinin daraltılması, diğer bir ifade ile merkezi yönetimce sunulan ve standart olarak tüm vatandaşlarca yararlanılması gereken kamu hizmetlerinin yerine getirilmesinde, doğrudan kamu yönetimince sunumu yanında, bir temel kamu hizmetinin kamu yönetimince sunulması sırasında duyulan bazı ek ya da yardımcı hizmetlerin özel sektörden satın alınması gibi somut modeller ortaya konulmuştur[152].

Bu halde, sunulan hizmet kamusal olmasına karşılık, üretim özel mülkiyet altında gerçekleştirilmektedir. Kamu hizmetlerinin özel kesim tarafından üretilmesi, idare hukukundaki ihale, ruhsat, imtiyaz ve türev yöntemler aracılığıyla gerçekleştirilmektedir. Günümüzde kamunun yakın gözetim ve denetimi altında ihale yöntemi ile yürütülen hizmetlerin (uzak mesafeli nakliye, su ya da elektrik saati okuma, fatura düzenleme, teçhizat bakımı ve onarımı, vs.) kentsel alanlarda çok yaygınlaştığı görülmektedir. Ancak, ihale yönetimi ile kamu hizmeti tümden özelleştirme olarak değerlendirilmemektedir[153]. Böyle olsa dahi, ihale ile hizmet sunum biçimi kamu yönetimince klasik hizmet sunumundan farklıdır. Sorumluluk ve hesap verme sürecinin daha karmaşık olduğu, özel sektörün hizmet sunumuna dahil edildiği bir yöntemdir. Finansman yöntemi de farklılaşabilmektedir.

Hizmetin parçalara bölünmesi de daha farklı bir ifade ile mali birimleştirme, serbestleştirme ve ticarileştirmenin bir aracıdır. Örneğin elektrik ve gaz hizmetlerinde üretim, iletim ve dağıtım birimleri ayrılmaktadır. Böylece özelleştirilebilir, ticarileştirilebilir ve rekabete açılabilir parçalar ortaya çıkmaktadır. Türkiye'de son sosyal güvenlik reformu da bunu yapmakta, sağlık ve emeklilik sigortaları ayrıştırılmaktadır[154].Geleneksel kamu yönetimi anlayışı, yeni kamu yönetimi (işletmeciliği) anlayışı ve ortaya çıkan yeni kamu hizmeti anlayışı karşılaştırmalı olarak aşağıdaki tabloda görüldüğü şekilde gösterilmektedir[155].

---

[151] İbrahim Atilla Acar ve Hüseyin Gül, **1980 Sonrasında Kamusal Mal ve Hizmet Sunumunda Yaşanan Dönüşüm,** SDE İİBF 2006 Maliye Sempozyumu, s.7.
[152] Karahanoğulları, s.384–385.
[153] Karahanoğulları, s. 384-387.
[154] Acar ve Gül, s.9.
[155] Sezer, s.154.

Tablo 14 - Karşılaştırmalı Perspektiften Geleneksel Kamu Yönetimi, Yeni Kamu İşletmeciliği ve Yeni Kamu Hizmetleri

	Geleneksel Kamu Yönetimi Anlayışı	**Yeni Kamu İşletmeciliği Anlayışı**	**Yeni Kamu Hizmeti Anlayışı**
Temel teorik ve epistemolojik dayanaklar	Siyasal teori, sosyal bilimler tarafından yapılan sosyal ve siyasal yorumlar	Ekonomik teori, pozitivist sosyal bilimedayanan daha gelişmiş diyalog	Demokratik teori, yorumlayıcı, eleştirel, pozitif içeriği olan bilgiye farklı yaklaşım
İnsan davranışlarına hakim olan mantık ve buna ilişkin modeller	"Yönetsel insan" (adminstrative man)	Teknik ve ekonomik mantıksallık, "ekonomik insan"	Stratejik ya da biçimsel mantıksallığın farklı açılardan (örgütsel, politik, ekonomik) test edilmesi
Kamu yararı kavramı	Politik olarak tanımlanmış, Hukuksal olarak belirlenmiştir.	Bireysel yararların bütününü temsil etmekte	Paylaşılan değerler hakkındaki bir uzlaşımın sonucu
Kamu hizmeti sunanların sorumluluğu	Hizmeti alanlara ve tamamlayıcılarına	Müşterilere	Vatandaşlara
Yönetimin rolü	"Dümen tutmak değil,kürek çekmek"	"Dümen tutmak"	"Hizmet" etmek, topluluk ve gruplar arasında çıkarlara aracılık ve müzakere etmek
Politika amaçlarının başarılmasındaki mekanizmalar	Yönetim kuruluşları Aracılığıyla programları gerçekleştirmek	Özel ve kar amacı gütmeyen kuruluşlar aracılığıyla politika amaçlarını başarmak için özendirici yapılar ve mekanizmalar oluşturmak.	Karşılıklı bir şekilde anlaşılan ihtiyaçların temini için özel kuruluşlar, kar amacı gütmeyen organizasyonlar ve kamudan oluşan bir koalisyon ile paylaşılan değerleri oluşturmak.
Hesap verebilirliğe yaklaşım	Hiyerarşik- Yöneticiler demokratik olarak seçilmiş siyasal liderlere sorumludur.	Piyasa yönlendirmesi kişisel yararların toplamı geniş vatandaş ya da müşteri grupları tarafından istenen çıktıların sonucudur.	Çok çeşitli yüzlere sahip, kamu görevlileri hukuk, topluluk değerleri, siyasal kurallar ve vatandaş çıkarları konularıyla ilgilidirler.
Yönetsel takdir yetkisi	Yönetsel birimlere sınırlı takdir yetkisi verilmekte	Girişimci amaçların karşılanması için serbestlik.	Takdir yetkisi gerekli ancak sınırlanmış ve hesap verilebilir bir şekilde
Örgütsel yapı	Kuruluşlar için belirli bir otoritenin olduğu bürokratik örgütlenmeler	Kuruluşlarda öncelikli denetimin olduğu desantralize edilmiş kamu organizasyonları	Liderliğin içsel ve dışsal olarak paylaşıldığı işbirliği yapıları

Kaynak: Janet V. Denhardt ve Robert B. Denhardt (2003), *The New Public Service*, M.E. Sharpe Inc., New York-London, s. 28-29 Aktaran: Özcan Sezer, **Kamu Hizmetlerinde Müşteri (Vatandaş) Odaklılık: Türkiye'de Kamu Hizmeti Anlayışı Açısından Bir Değerlendirme,** ZKÜ Sosyal Bilimler Dergisi, Cilt 4, Sayı 8, 2008, s.154.

Beşinci Bölüm

Vergiye Direnci Azaltmaya Yönelik Faaliyetler

5.1. Vergi Hizmetinin İyileştirilmesi Çabaları

Vergi sistemi, vergi idaresini, vergi yasalarını ve vergi yargısını birlikte kapsamına alan bir kavramdır. Sistemin iyi işleyebilmesi için unsurların tümünün iyi ve birbiriyle ahenkli bir biçimde çalışması gerekmektedir. Vergi sistemleri, uygulandıkları ülkelerin ekonomik ve sosyal gereklerine göre kurulup uygulanmakta ve zamanla reforma tabi tutulması kaçınılmaz hale gelebilmektedir. Ülkelerde geçmişte ve bugün yaşanan vergisel sorunların ana kaynağı olarak genelde, ülke ekonomilerinde var olan kayıt ve belge sisteminin, kurumsal yapılar ve bunların işleyiş dinamiklerinin, toplumun vergi bilincinin ve siyasi yapının belli bir dönemdeki vergileme politikasındaki kararlılık ve rasyonellik gibi temel parametrelerinin yetersizliği olarak görülmüştür.

Bilindiği üzere Türk Vergi Sistemi 1950 yılında büyük bir devrim yapılarak kurulmuştur. 1950 yılında tam anlamı ile yükümlülerin beyanına dayanan modern bir vergi sistemi, 1942 yılından itibaren yükümlüleri özellikle de meslek kuruluşlarını ve yeni sisteme tepki gösterenleri ikna çabaları ile 1949 yılına kadar yedi yıllık zor bir çalışma ile kabul edilebilir hale getirilmiştir.

Maliye Baş Hesap Uzmanı Ali Alaybek 22 Haziran 1949 tarih 22 sayılı "Muhasebe ve Maliye Mecmuasındaki "Gelir Vergisi muvaffak olacak mı?" başlıklı makalesinde bu çalışmaya yönelik şunları yazmıştır. *"Gelir vergisi ile amme finansmanında büyük bir inkılap yapılmakta, yeni Türk vergi sistemi yaratılmaktadır. Vergi inkılabı hareketinde artık geriye dönemeyiz. Önümüzde yalnız bir yol vardır. Bu yol yokuştur. Bizi yoracak, belki çok yoracaktır, fakat bu yolu tırmanacağız. Henüz takâtımız var, başka çaremiz yoktur. Gelir vergisi rejiminde birçok müşküllerle karşılaşacağımız muhakkaktır. Bütün medeni memleketlerde mesela gelir vergisini yüz elli senedir tatbik eden İngiltere'de de böyleolmuştur ve halen böyledir. Biz de diğer memleketler gibi bu müşküllerle mücadele edeceğiz.*[156].

---

[156] Hüseyin Perviz Pur, **Türk Vergi Sistemi ve Kamu Yönetim Reformu**, 24.02.2004 tarihli Dünya Gazetesi, http://www.dunyagazetesi.com.tr/, Erişim: [25 Haziran 2009].

5.1.1. Türk Vergi Sitemi Reformu Çalışmaları

Temel olarak Maliye Bakanlığı bünyesinde yapılan reform çalışmaları, Gelirler Genel Müdürlüğünün çalışmaları ve Vergi Denetim Birimleri ve Hesap Uzmanları Kurulu'nun çalışmalarından oluşmaktadır. Gelirler Genel Müdürlüğü vergi kayıp ve kaçaklarının önlenmesi amacıyla yasa tasarıları hazırlamakta, idari düzenlemeler yapmaktadır. Hesap Uzmanları Kurulu da vergi denetim sisteminin oluşturulması amacıyla çalışmaktadır. 1950 yılı vergi reformu çalışmalarından hemen sonra gündeme gelen Gelir İdaresini yeniden yapılandırma çalışmaları, aşamalı olarak günümüze kadar ısrarla sürdürülmüştür. Bu aşamalar kısaca şöyle özetlenebilir.

- 1951 yılında ABD'li uzmanlar James Martin ve Frank Cuhs tarafından hazırlanan "Maliye Bakanlığı Kuruluş ve Çalışmaları Hakkında Rapor" düzenlenmesi,
- 1963 yılında ABD'li uzman B. Frank White ve arkadaşları tarafından hazırlanan ve doğrudan Gelir İdaresinin yeniden yapılanmasını konu alan "Türkiye'de Vergi İdaresi" başlıklı Rapor ve bu Raporla bağlantılı olarak dönemin Maliye Bakanı Ferit Melen'in onayı ile Maliye Bakanlığı Gelirler Genel Müdürlüğü Yeniden Düzenleme Komisyonu'nun oluşturulması,
- 1960'larda Ali Alaybek'in başkanlığındaki Vergi Reform Komisyonu tarafından 1964 yılında hazırlanan "Gelir İdaresi Başkanlığı" başlıklı yasa tasarısı taslağı düzenlenmesi,
- 1970 yılında ABD'li uzman Daniel Tucker tarafından hazırlanan ve Maliye Bakanlığına sunulan rapor düzenlenmesi,
- 1972 yılında TBMM'ne sunulan, ancak günün koşulları nedeniyle ilgili yasama döneminde görüşülemediği için kadük olan Gelir İdaresinin Gelirler Genel Sekreterliği'ne dönüştürülmesini öngören yasa tasarısı düzenlenmesi,
- 1972 yılında ABD'li uzman Leif Muten tarafından hazırlanan ve o tarihte Parlamento'da bulunan tasarının yasalaşması temennisinin belirtildiği rapor düzenlenmesi,
- 1982 yılında eski Maliye Bakanlarından Adnan Başer Kafaoğlu'nun danışmanı olduğu dönemin Devlet Başkanı Kenan Evren'e sunduğu ve Gelir İdaresinin Gelirler Bakanlığına dönüştürülmesini önerdiği rapor düzenlenmesi,
- 1985'lerden sonra özellikle Altan Tufan'ın genel müdürlüğü döneminde hazırlanan gelir idaresinin yeniden yapılanmasıyla ilgili yasa tasarısı taslakları düzenlenmesi,
- 2001 yılında Dünya Bankası tarafından hazırlanan ve Türk Hükümetine sunulan rapor düzenlenmesi.

5.1.2. Sürdürülmekte Olan Vergi Reformu Çalışmaları

1999 seçimlerinden sonra, IMF ile yapılan ilgili Stand-By anlaşması çerçevesinde 2000 yılında uygulanmaya başlanan, kur çapasına dayalı, anti-enflasyonist ekonomik program, Türkiye'nin, önemli bazı yapısal reformlar konusunda taahhütlerini de içermektedir. Bu yapısal reformlar arasında, vergi reformu da bulunmaktadır[157].

Programın henüz ilk senesi dolmadan yaşanan, bankacılık sektöründeki likidite krizi ve 2001 yılında yaşanan büyük ekonomik kriz sonrası, IMF'nin yapısal reformlar konusundaki ısrar ve talepleri gittikçe artmıştır. 2002 genel seçimlerinin ardından, iktidara gelen yeni hükümet, ekonomik programı 2005 yılına kadar aynen sürdürmüş, programdaki taahhütlerin yerine getirileceğine dair güvence verilmiştir. 2004 yılı sonunda yapılan yeni bir Stand-By anlaşmasında da, vergi reformunun gerçekleştirileceğine dair hükümet taahhüdü yer almıştır. Bu gelişmelerin sonucunda vergi konseyi çatısı altında *Vergi Reformu* çalışmaları başlatılmıştır.

Vergi Konseyi, asıl olarak bir danışma organı olup, Maliye Bakanlığı tarafından, özellikle vergi kanunlarının yeniden kaleme alınması gibi önemli görevler konseye verilmiştir. Vergi Konseyinin tarafsız bir danışma organı olması ön görülmüş olup, konsey Maliye Bakanı tarafından seçilen bir başkan ve elli üyeden oluşmaktadır. Bu üyeler üç ayrı gruptan seçilmektedir. Birinci grup, doğal üyeler olan, Bakanlık Müsteşarı, Gelir İdaresi Başkanı ve Sekretarya işlerini yürüten bir üyeden oluşmaktadır. İkinci grup, dernek, vakıf, kamu niteliğine haiz kuruluşlar, sendikalar ve diğer sivil toplum kuruluşlarınca görevlendirilen on sekiz, Hazine Müsteşarlığı, SPK gibi ilgili kamu kurumlarınca görevlendirilen on bir üye olmak üzere toplam yirmi dokuz üyeden oluşmaktadır. Üçüncü grup ise, Vergi Konseyi Başkanının önerisi ve Bakan oluru ile seçilen on sekiz adet uzman ve akademisyenden oluşmaktadır.

Vergi Konseyi'nin yapısı incelendiğinde, hazırlanan Vergi Reformunun geniş tabanlı uzlaşma sonucunda yapılması amacının hedeflendiği görülmektedir. Ne var ki bu tespit, ancak Vergi Reformu çalışmalarında, Vergi Konseyinin tavsiye ve önerilerinin belirleyici olması durumunda geçerli olabilecek bir tespittir. 2006 yılındaki bazı gelişmeler ise bu

---

[157] **Uluslararası Para Fonu (IMF) ile Türkiye arasında 3 yıllık Stand-by anlaşması,** www.belgenet.com, Erişim: [28 Haziran 2009].

tespitin her zaman geçerli olmadığı ve ilerde de geçerli olmayabileceğine işaret etmektedir. Çünkü, 2006 yılında yürürlüğe giren 5479 Sayılı Kanun, Vergi Konseyi'ne getirilmeden kanunlaşmış ve Vergi Konseyi'nde yer alan bazı kesimler tarafından, yatırım indiriminin kaldırılması onaylanmamıştır.

Vergi Konseyi, yürütmekte olduğu Vergi Reformu çalışmalarını belli bir stratejik plana göre sürdürmekte olup bu stratejik plan, yirmi iki ana baslık halinde, Vergi Reformu kapsamında yapılması planlanan değişiklikleri içermektedir[158]. İstisnai bazı haller dışında, Vergi Reformu kapsamında geçekleştirilen değişikliklerin, bu stratejik planda mevcut olan başlıkların sıralamasını takip ettiği görülmektedir.

5.1.3. Gelir İdaresinin Yeniden Yapılandırılması

Osmanlıdan devralınan mali idari yapı (Maliye Teskilatı) ve dolayısıyla gelir idaresinde ilk köklü düzenleme 2996 sayılı çerçeve yasa ile yapılmıştır[159].Yeni düzenlemeye göre oluşturulan bakanlık ve gelir idaresi örgütlenmesi 1950 yılına kadar sürecek olan değişikliklerle ancak tamamlanabilmiştir. Örgütlenmeye ilişkin son değişiklik 1950 yılında yapılmıştır. 5655 sayılı yasal düzenlemeyle vergi ve diğer gelirlerin tahsili ile ilgili görev yapan Tahsilat Genel Müdürlüğü, Gelirler Genel Müdürlüğü altında birleştirilmiştir. Yeni Gelir, Kurumlar ve Esnaf Vergileriyle Vergi Usul Kanunun yürürlüğe girmesiyle birlikte vergi daireleri vergi ile ilgili bütün birimleri bünyesinde toplanmıştır. Bu yapı 1964 yılında uzlaşma komisyonları ve 1993 yılında bazı illerde vergi dairesi başkanlığı ve bölge müdürlükleri kurulmasının dışında 2005 yılına kadar değişmeden gelebilmiştir.

Maliye Bakanlığına bağlı Gelirler Genel Müdürlüğünün bağımsız bir yapıya kavuşturulması düşüncesiyle, 05.05.2005 tarihli 5345 sayılı Kanunla, Gelirler Genel Müdürlüğü kaldırılarak yerine, Maliye Bakanlığına bağlı Gelir İdaresi Başkanlığı Kurulmuştur.

5345 Sayılı Kanun'un 1'inci maddesinde bu kanunun amacı; "*Gelir politikasını adalet ve tarafsızlık içinde uygulamak; vergi ve diğer gelirleri en az maliyetle toplamak; mükelleflerin vergiye gönüllü uyumunu sağlamak; mükellef haklarını gözeterek yüksek kalitede hizmet sunmak suretiyle yükümlülüklerini kolayca yerine getirmeleri için gerekli tedbirleri almak; saydamlık, hesap verebilirlik, katılımcılık, verimlilik, etkililik ve mükellef odaklılık temel*

---

[158] **Vergi Konseyi Stratejik Planı Taslağı**, 2005-2006.
[159] **29.5.1936 tarih ve 2996 sayılı "Maliye Vekaleti Teşkilat ve Vazifeleri Kanunu**.

ilkelerine göre görev yapmak üzere Maliye Bakanlığına bağlı Gelir İdaresi Başkanlığının kurulmasına, teşkilat, görev, yetki ve sorumluluklarına ilişkin esasları düzenlemektir." şeklinde açıklanmaktadır. 5345 Sayılı yasa ile getirilen yeni düzenleme ile;

- Gelirler Genel Müdürlüğü daha özerk bir yapıda doğrudan Bakana bağlı Gelir İdaresi Başkanlığı şeklinde kurulurken, 29 ilde de her ilin adıyla Vergi Dairesi Başkanlıkları kurulmuştur.
- Vergi Dairesi Başkanlıkları doğrudan Gelir İdaresi Başkanlığına bağlı olarak çalışacaklardır. Taşrada daha önce Defterdarlık bünyesinde yer alan ve faaliyet gösteren tüm vergi daireleri ve gelir birimleri ile Gelirler Bölge Müdürlükleri veya Defterdarlıklar emrinde çalışan tüm vergi denetmenleri Başkanlık bünyesinde faaliyet gösterecektir.

5345 Sayılı yasa sonrası önümüzdeki süreçte çok sayıda değişiklik ve yeni uygulamalar beklenmektedir. Yeni düzenlemeler sonucu merkez ve özellikle taşrada işi sadece vergi olan daha özerk bir yapıya sahip bir teşkilatlanma amaçlanmaktadır.

5.1.4. Gelir İdaresinde Yeni Teknoloji Kullanımına Yönelik Uygulamalar

5.1.4.1. Vergi Kimlik Numarası Uygulaması

Günümüzde vergi yükümlüsü olmanın ilk göstergesi vergi kimlik numarası almakla başlamaktadır. Kayıt dışılığın önüne geçilebilmesi için etkili bir mücadelenin ön şartı Türkiye Cumhuriyeti'nde yaşayan herkesin potansiyel vergi yükümlüsü olmasının sağlanmasıdır. Bunun içinde herkesin kayıt altında olması yani mali literatüre göre vergi kimlik numarasına sahip olması gerekmektedir.

Türk vergi sisteminde yeni teknolojilerin kullanılması açısından gerçek reform niteliği taşıyan vergi kimlik numarası uygulamasının ilk yasal düzenlemesi 6 Temmuz 1994 tarih ve 21982 sayılı Resmi Gazete'de yayımlanan 4008 sayılı kanunun 1. maddesi ile VUK'un 8. maddesine "*Türkiye Cumhuriyeti tabiyetinde bulunan her gerçek kişiye bir vergi numarası verilir. Bu hükmün uygulanmasına ilişkin usul ve esasları tespit etmeye Maliye Bakanlığı yetkilidir*" fıkrası eklenmek suretiyle yapılmıştır.

Daha sonra, 25.05.1995 tarih ve 4108 sayılı Kanunun 1. maddesi ile 213 sayılı VUK'un 8. maddesinin son fıkrasının kapsamı "*Türkiye Cumhuriyeti tabiyetinde bulunan her gerçek kişi ile tüzel kişilere bir vergi numarası verilir. Bu hükmün uygulanmasına ilişkin usul ve esasları tespit etmeye ve vergi numarasının kamu kurum ve kuruluşları ile gerçek ve tüzel kişilerce yapılacak işlemlerle ilgili kayıtlarda ve düzenlenecek belgelerde kullanılması mecburiyetini getirmeye Maliye Bakanlığı yetkilidir*" biçiminde değiştirilerek genişletilmiştir[160].

Daha sonra Vergi Kimlik Numarasının Tüm Vatandaşlarca yaygın olarak kullanılmasının sağlanması amacıyla 04.04.1998 tarih 23307 Sayılı resmi gazete de 4358 Sayılı Vergi Kimlik Numarası Kullanımının Yaygınlaştırılması ve Noterlik Kanunu, İcra ve İflas Kanunu, Tapu Kanunu, Karayolları Trafik Kanunu, Çekle Ödemelerin Düzenlenmesi ve Çek Hamillerinin Korunması Hakkında Kanun, Bankalar Kanunu, Posta Kanunu İle Pasaport Kanununda Değişiklik Yapılması Hakkında Kanun yayınlanmıştır.

Son olarak 26274 Sayılı 29.08.2006 Tarihli Resmi Gazete'de yayınlanan 3 Sıra No'lu Vergi Kimlik Numarası Genel Tebliği'ne göre Vergi Kimlik Numarası kullanılması gerekli görülen işlemlerde bu işlemlere taraf olan ve işlemleri gerçekleştirecek kişi ve kuruluşlara vergi kimlik numaralarını ibraz etmek zorunda olan Türkiye Cumhuriyeti Tabiiyetindeki gerçek kişiler Vergi Kimlik Numarası yerine on bir haneli Türkiye Cumhuriyeti Kimlik Numaralarını ibraz edeceklerdir. Böylelikle 01.01.2007 tarihinden itibaren T.C. uyruğunda ki gerçek kişiler bakımından vergi kimlik numarası gerektiren tüm işlemlerde vergi kimlik numarası olarak T.C. kimlik numaraları kullanılmaya başlanmıştır.

Türkiye Cumhuriyeti vatandaşı olmayan yabancı uyruklu gerçek kişilere, Türkiye Cumhuriyeti kimlik numarası verilmediğinden, bu kişiler vergi dairelerince kendilerine verilen on haneli rakamdan oluşan vergi kimlik numaralarını kullanmaya devam edeceklerdir.

Böylece, MERNİS Projesi çerçevesinde tüm vatandaşlara verilmiş bir numara zaten mevcut iken Maliye Bakanlığı tarafından Vergi Kimlik Numarası uygulamasının yaygınlaştırılmasının bir anlamı kalmamış ve bu iki proje MERNİS Projesi çatısı altında birleştirilmiş olmaktadır.

---

[160] Adnan Gerçek, **Türkiye'de Vergi İdaresinin Modernizasyonu Açısından Vergi Kimlik Numarası Uygulamasının Değerlendirilmesi, http://www.muhasebetr.com/makaleler/004/**, Erişim: [23 Mayıs 2009].

5.1.4.2. Vergi Dairesi Otomasyon Projesi (VEDOP)

Vergi dairesi çalışmalarında etkinlik ve verimliliğin artırılmasının ve bilgisayar ortamında toplanan bilgilerden sağlıklı bir karar, destek ve yönetim bilgi sisteminin oluşturulmasının hedeflendiği Vergi Dairesi Otomasyon Projesi, Client-Server mimaride çalışan vergi daireleri otomasyonu (VDO) ve merkezi yapıda çalışan vergi daireleri otomasyonu (e-VDO) olmak üzere iki ayrı sistem ile yürütülmüş, tam otomasyon anlamında, VDO otomasyon uygulamaları kapsamında çalışan vergi dairelerinin de, e-VDO otomasyon uygulamalarına geçirilmesi ile malmüdürlüklerinin gelir servisleri de e-VDO otomasyon sistemine alınmıştır. 2010 yılı sonu itibariyle 448 vergi dairesi, Büyük Mükellefler Vergi Dairesi Başkanlığı, ve 585 Malmüdürlüğü e-VDO kapsamında bulunmakta olup, Gelir İdaresi Başkanlığında, otomasyon kapsamına alınmayan birim kalmamıştır[161].

5.1.4.3. E-Vergilendirme

Elektronik vergilendirme, verginin, internete bağlı bilgisayarlar, çevrimiçi haberleşme araçları veya vergi dairesine gitmeyi gerektirmeyen diğer iletişim aygıtları yardımıyla, tahakkuku ve tahsilini sağlayan bir e-devlet uygulaması ve kamu hizmeti sunuş şekli olarak tanımlanmaktadır. Türkiye'de uygulama, esas itibariyle, vergi borcunun miktarını belirten vergi beyannamesinin, vergi idaresine elektronik olarak teslim edilmesi (e-beyanname) ve tahakkuk eden vergi borcunun vergi idaresine gitmeden elektronik araçlarla yatırılması (e-vergi ödeme) olmak üzere iki aşamadan oluşmaktadır.

Bu bağlamda Maliye Bakanlığı, yükümlülerin işlemlerini daha hızlı yürütmek ve daha iyi hizmet verebilmek amacıyla, Vergi Usul Kanunu'nun (VUK) mükerrer 257. maddesiyle kendisine tanınan yetkiyi kullanarak, vergi beyannamelerinin elektronik ortamda gönderilmesi (e-Beyanname Uygulaması) konusunda çeşitli düzenlemeler yapmıştır. Konuyla ilgili olarak en son düzenleme, 18.10.2007 tarih ve 26674 sayılı Resmi Gazete'de yayımlanarak yürürlüğe giren 376 Sıra No.lu VUK Genel Tebliği ile yapılmıştır.

E-vergilendirme uygulamasının tahsilat yönü ise (*e-ödeme*), VEDOP-1 ve VEDOP-2 projeleri sonucunda, 2006'da hayata geçirilen Elektronik Banka Tahsilâtları İşleme Sistemi (*EBTIS*) ile başlamıştır. EBTIS sayesinde, bankalar tarafından yapılan vergi tahsilâtlarının,

---

[161] http://www.gib.gov.tr/fileadmin/beyannamerehberi/2011_Performans_Programi.pdf Erişim: [30.12.2015][

bankalardan Gelir İdaresi Başkanlığına elektronik olarak gönderilmesi ve aynı anda vergi dairelerinde yükümlü hesaplarına otomatik olarak işlenmesi mümkün olmuştur.

5.1.4.4. Elektronik Fatura Uygulaması

Ülkemizde e-faturalama konusundaki ilk adım, "e-dönüşüm Projesi 2005 Eylem Planı"nın "Elektronik Faturanın Kullanım Usul ve Esaslarının Belirlenmesine Yönelik Hazırlık Çalışmalarının Yapılması" ve "Ticari Defterlerin Elektronik Ortamda Tutulması" başlıklarında yerini bulan taahhütlerden ibarettir. Bu taahhütleri yerine getirmekle sorumlu kuruluş Maliye Bakanlığı'dır. E-fatura konusunda halen meclis gündeminde bulunan Türk Ticaret Kanunu tasarısında da bir hüküm mevcuttur. (Tasarı madde no: 1503/f). Ayrıca VUK'un mükerrer 242'nci maddesi ve 361 seri no'lu VUK Genel Tebliği'nde açıklamalar yapılmıştır[162].

Gelir İdaresi Başkanlığı, ülkemizde elektronik fatura uygulamasının başlangıç adımı olarak "Elektronik Fatura Kayıt Sistemi"ni (EFKS) hayata geçirmiş bulunmaktadır. Genel hatları ile Elektronik Fatura Kayıt Sistemi, kurum ve kuruluşların düzenledikleri faturalarda bulunan bazı bilgilerin, belirlenen uygulama ve veri standartları çerçevesinde Gelir İdaresi Başkanlığı sistemine aktarılması sureti ile faturalara ait ikinci nüshaların kağıt ortamında saklanması zorunluluğunu ortadan kaldıran; ayrıca alıcılarına verilmek üzere hazırlanan birinci nüsha faturaların da güvenli elektronik imzalı dijital belge şeklinde oluşturulmasına imkan sağlayan bir sistemdir [163].Elektronik fatura çalışmaları kapsamında başlatılan, Elektronik Fatura Kayıt Sistemi (EFKS)'nden yararlanmak için başvuran Avea İletişim Hizmetleri A.Ş., Türk Telekomünikasyon A.Ş., Turkcell İletişim Hizmetleri A.Ş., Vodafone Telekomünikasyon A.Ş., TTNet Anonim Şirketi ve BURSAGAZ Bursa Şehiriçi Doğalgaz Dağıtım Ticaret ve Taahhüt A.Ş. protokol yapılmak suretiyle sisteme dahil edilmiştir.

5.1.4.5. Elektronik Defter ve Elektronik Belge Projeleri

Vergi Usul Kanunu kapsamında tutulması gereken yevmiye defteri, defteri kebir ve envanter defteri ile yolcu taşıma bileti, yolcu taşıma listesi, irsaliyeli fatura, sevk irsaliyesi, gider pusulası, dip koçanlı bilet, işlem sonuç formu, sigorta poliçesi, banka dekontu ve ücret

[162] Vedat Özdan, **Avrupa Birliği'nde e-fatura Uygulaması Ne Aşamada?**, www.vergiportali.com/, Erişim: [18 Ağustos 2009].
[163] Gelir İdaresi Başkanlığı, **Elektronik Fatura Çalışmaları**,13 Ocak 2009.

bordrosu gibi düzenlenmesi zorunlu tutulan belgelerin elektronik ortamda düzenlenmesi, iletilmesi ve muhafazasına yönelik hukuki ve teknik altyapıların oluşturulması hazırlıkları devam etmektedir.

5.1.5. Mükellef Memnuniyetini Sağlamaya Yönelik Uygulama ve Çalışmalar

5.1.5.1. Varlık Barışı Kanunu

Varlık barışı olarak da bilinen ve 22/11/2008 tarihinden itibaren yürürlüğe konulan 5811 sayılı Bazı Varlıkların Milli Ekonomiye Kazandırılması Hakkında Kanun'la, gerçek ve tüzel kişilerce sahip olunan para, döviz, altın, hisse senedi, tahvil ve diğer menkul kıymetlerin ülkemize getirilmesi, taşınmazların ise kayda alınması suretiyle milli ekonomiye kazandırılması; sahip olunan söz konusu kıymetlerin banka ve aracı kurumlara ya da vergi dairelerine bildirilmek ve cüz'i bir oranda vergi ödenmek suretiyle kayda alınması ve yapılan bu beyanlardan hareketle inceleme ve soruşturma yapılmaması öngörülmüştür.

Yine bu Kanunla, gelir veya kurumlar vergisi yükümlülerinin yurtiçinde sahip oldukları varlıkları işletmelerine sermaye olarak koymaları da teşvik edilmiştir. Bunun yanı sıra, yurt dışındaki iştiraklerden elde edilen gelirlerin vergisiz olarak yurda getirilmesine de imkan sağlanmıştır.

5.1.5.2. Vergi Borçlarının Tahsiline yönelik Yapılandırmalar

İhtilaflı alacakların en kısa sürede tahsilinin sağlanması ve yargının iş yükünün hafifletilmesi amacıyla 5736 sayılı "Bazı Kamu Alacaklarının Uzlaşma ile Tahsili Hakkında Kanun" 27/02/2008 tarihinde uygulamaya konulmuştur.

KDV iadelerinde gecikmenin önlenmesi amacıyla Hızlandırılmış KDV İade Sistemi (HİS) uygulamasına geçilmiştir. Buna göre, HİS sertifikası sahibi yükümlülerin nakden ve mahsuben KDV iade talepleri, tutarına bakılmaksızın; teminat ve inceleme raporu aranmadan yerine getirilmeye başlanmıştır.

Yine, 30/10/2008 tarihli Tahsilat Genel Tebliği ile ekonomik ve mali zorluklar nedeniyle borçlarını ödeyemeyen yükümlülere ödeme kolaylığı sağlanmış, 01/09/2008 tarihinden önceki vergi borçlarının on sekiz ay süreyle yıllık %3 faizle taksitlendirilmesi imkanı getirilmiştir.

5.1.6. Genel Kamu Hizmetlerinin İyileştirilmesine Yönelik Çalışmalar

5.1.6.1. Kamu Mali Yönetim ve Kontrol Kanunu'nun Yürürlüğe Girmesi

Vergilerin toplanıp üretim sürecinden geçirilerek yurttaşlara ulaştırılmasına kadar uzanan süreçte kamusal mal ve hizmet üretimiyle ilgili her işlem ve eylem kamu mali yönetimiyle ilişkili olması kamu mali yönetimine kamu yönetiminin en temel bir öğesi olma konumunu kazandırmaktadır. Kamu yönetimi reformuna yol açan önemli nedenlerden birisi de kamu hizmetlerinden yararlananlar ve vergiler yoluyla hizmetin finansmanını sağlayanlar olarak vatandaşların, kamudan beklentilerinin artmasıdır. Vergi ödeyiciler olarak vatandaşlar daha kaliteli mal ve hizmet sunumu talep etmekte, ödediği vergilerin karşılığını görmek istemektedirler.

Teknoloji alanında yaşanan gelişmeler sonucu özel sektörde mal ve hizmet üretimi ve sunumunda önemli değişimler olmuş ve müşteri tatminini merkez alan uygulamalar yaygınlık ve başarı kazanmıştır. Vatandaşlar doğal olarak kamu kesiminden de benzer taleplerde bulunmuşlardır[164]. 2000'li yılların başında AB tarafından yapılan incelemelerde; Türkiye'deki kamu iç mali kontrol sisteminde kavramsal ve işlevsel eksiklikler olduğu ve bu alanda yasal düzenleme ihtiyacı bulunduğu tespit edilmiştir. Ayrıca, şeffaflık, performans denetimi ve mali yönetim gibi alanlarda uluslararası kabul görmüş ilkelerin yeterince takip edilmediği, denetim alanındaki yetki ve sorumlulukların tam olarak tanımlanmadığı ve kamu kuruluşlarının görev ve sorumluluklarının halen yeterince belirgin olmadığı vurgulanmıştır.

AB müktesebatına uyum sürecinde, üye ülkelerin bütçe uygulamalarında standart bir uygulama olan Kamu İç Mali Kontrol modelinin ülkemizde de uygulanma hedefi, kamu maliyesinde bir reform niteliğinde sayılan 5018 sayılı Kamu Mali Yönetimi ve Kontrol Kanunu aracılığıyla gerçekleştirilmektedir.

Türk mali yönetiminin anayasası olarak kabul edilen 1050 sayılı Muhasebe-i Umumiye Kanunu, 24.12.2003 tarih ve 25326 sayılı Resmi Gazetede yayımlanan 5018 sayılı Kamu Mali Yönetimi ve Kontrol Kanunu ile 01.01.2005 tarihi itibariyle yürürlükten kaldırılmıştır. Kamu Mali Yönetimi Ve Kontrol Kanunu, mali sistemi köklü bir şekilde değiştirmiştir.

---

[164] F., Akbey, **"Neo-Liberal Dönüsüm Çerçevesinde 5018 Sayılı Kanunun Değerlendirilmesi", 20.Türkiye Maliye Sempozyumu,** Pamukkale, 23-27 Mayıs 2005, s.187.

24.12.2003 tarih ve 25326 sayılı Resmi Gazetede yayımlanan ve bütün hükümleriyle 01.01.2006 tarihi itibariyle yürürlüğe giren 5018 sayılı Kanun, düzenleyici ve denetleyici kurumlar hariç olmak üzere genel yönetim kapsamındaki kamu idareleri bünyesinde iç denetimin kurulmasını öngörmektedir. Anılan Kanun çerçevesinde, iç denetim faaliyetinin sağlıklı bir şekilde hayata geçirilmesi ve kamu idarelerinde uygulanabilmesi için gerekli çalışmalar yapılmış ve gerek idari kapasitenin gerekse yasal altyapının oluşturulması noktasında son derece önemli adımlar atılmıştır[165]. Kanunun amacı, kamu kaynaklarının etkin, verimli ve ekonomik bir şekilde elde edilmesi ve kullanılmasını, hesap verebilirliği ve mali saydamlığı sağlamaktır.

Bu çerçevede, Kamu Mali Yönetimi ve Kontrol Kanununda mali şeffaflığa ilişkin hükümler önemlidir. Buna göre her türlü kaynağın elde edilmesi ve kullanılmasında denetim sağlamak amacıyla kamuoyunun zamanında bilgilendirileceği hükme bağlanmıştır. Bu hüküm, 9 Ekim 2003 tarihinde kabul edilip 24 Nisan 2004 tarihinde yürürlüğe girmiş olan 4982 sayılı Bilgi Edinme Hakkında Kanun ile hayata geçirilmek istenen kamudan bilgi alma hakkı ile doğru orantılıdır. Mali yapıda şeffaflık ile bağlantılı olarak memurların her konuda hesap verebilmeleri hüküm altına alınmıştır. Buna göre, her türlü kaynağın elde edilmesi ve kullanılmasında sorumlu olanlar yetkili mercilere hesap vermek zorundadırlar.

5.1.6.2. Kamu Hizmet Sunum Standartlarının Uygulamaya Konulması

Günümüzde yaşanan gelişmeler, aydınlanmalar, kişi hakları konusundaki gelişen düşünceler, devlet-birey ilişkisinin konumuna ilişkin yeni bakış açıları, doğal olarak kamu hizmeti kavramının anlamını ve özellikle sunum şekillerini de olumlu yönde etkilemektedir. Bu bağlamda Türk Kamu İdaresinin kamu hizmeti sunumunda yeni bir dönem başlatabilecek olan; "Kamu Hizmetlerinin Sunumunda Uyulacak Usul ve Esaslara İlişkin Yönetmelik" başlığını taşıyan yönetmeliğin amacı, 1. maddeye göre; "*Etkin, verimli, hesap verebilir, vatandaş beyanına güvenen ve şeffaf bir kamu yönetimi oluşturmak; kamu hizmetlerinin hızlı, kaliteli, basitleştirilmiş ve düşük maliyetli bir şekilde yerine getirilmesini sağlamak üzere, idarelerin uyması gereken usul ve esasları düzenlemektir*".

Yönetmelikle belirlenen önemli esaslar ise şunlardır:

---

[165] **2008 Yılı Kamu İç Denetim Genel Raporu,** Haziran 2009, Ankara.

- Kamu hizmetlerinin sunumunda, başvuru yeri vatandaşa en yakın yerde oluşturulacak şekilde, başvuru yapılan ilk kademeden hizmetin sunulması ve sonuçlandırılması ilkesi esas olacak, başvuru mercii ile karar/onay mercii arasında ilke olarak birden fazla kademe oluşturulmayacaktır.
- İdareler, başvuruların, doğrudan kamu hizmetini sunan birime yapılmasını ve ilk kademede sonuçlandırılmasını sağlamak için gerekli tedbirleri alacaklardır. İdareler, sunduğu hizmetlerin her birini yerine getirecek birim ve görevlileri tespit ederek ilan edeceklerdir.
- İdareler, basılı ortamdaki bilgi ve belgelerin elektronik ortama taşınması ve veri tabanlarının diğer idarelerle paylaşılması esası ile hareket edecek ve başvuruların elektronik ortamda da yapılmasına, sürecin başvuru sahibince izlenebilmesine ve sonucun ilgilisine elektronik ortamda iletilmesine yönelik tedbirleri alacaklardır.
- Kanuni sınırlamalar saklı kalmak kaydıyla idareler, sunduğu hizmetlere ilişkin bilgileri ve mevzuatı, basılı ya da elektronik ortamda duyuracaklardır. İdareler, sunduğu kamu hizmetlerinin envanterini oluşturarak kurumsal internet sayfasında ve e-Devlet Kapısı'nda en güncel şekli ile yayımlayacaklardır.
- İdarelere, hizmet standartlarını bir tablo şeklinde oluşturarak ve ilan olunacak bu tabloda hizmetin adı, başvuruda istenen belgeler, hizmetin ne kadar sürede tamamlanacağı ve şikâyet mercilerine ilişkin bilgiler yer alacaktır.

Ancak burada bazı çevreler, her ne kadar Yönetmeliğin başlığı, "Kamu Hizmetlerinin Sunumunda Uyulacak Esaslar" ise de, daha çok vatandaşların kamu hizmetleri kapsamında yapacakları başvurulara ilişkin esasları düzenlediği yönünde eleştiride bulunmuşlardır. Dolayısıyla onlara göre, esasen çok geniş bir alana yayılmış kamu hizmetlerine ilişkin bir standardizasyona gitmek mümkün olmadığı gibi, konuya ilişkin sorunların hepsinin kısa bir yönetmelikle çözüme kavuşturulması da düşünülemez.

5.1.6.3. Kamu Yönetiminde Etik İlkelerin Kabul Edilmesi

Türkiye'de "Kamu Yönetimi Reformu" kapsamında kabul edilen düzenlemelerden biri de 25.05.2004 tarih ve 5176 sayılı yasa ile kurulan "Kamu Görevlileri Etik Kurulu" dur. Son yıllarda kamu yönetiminde sıkça kullanılmaya başlanan etik kavramı, 5176 sayılı yasa bağlamında bundan sorumlu bir kurum aracılığı ile kamu yönetiminin işleyişine yansıtılacaktır.

Türk kamu yönetiminde etik davranış kuralları, 5176 Sayılı Kanun'a kadar mevzuatımızda başta Anayasa olmak üzere, 657 Sayılı Devlet Memurları Kanunu'nda, özellikle yolsuzluk suçları ve çıkar çatışması halleri olmak üzere Türk Ceza Kanunu'nda dağınık bir halde bulunmaktaydı. 5176 Sayılı Kanun'un uygulama Yönetmeliği yasalarda dağınık halde bulunan etik davranış ilkelerini toparlamakta ve kamu görevlilerince etik ilkelerin ihlallerini Resmi Gazetede yayınlama yaptırımına tabi tutmaktadır.

Birinci maddede, Kanun'un amacı düzenlenmiş, kamu görevlilerinin tabi oldukları etik davranış ilkelerinden saydamlık, tarafsızlık, dürüstlük, hesap verebilirlik, kamu yararını gözetme gibi etik ilkeler sıralanmıştır. Ancak, bu etik davranış ilkelerinin tanımı yapılmamış, kamu kurum ve kuruluşlarında görevli personelin etik davranış ilkelerine aykırı uygulamaları bulunduğu iddiasıyla vatandaşlarca ileri sürülen iddiaları araştırmak ve sonuçlandırmak üzere Başbakanlık bünyesinde 11 üyeden oluşan Kamu Görevlileri Etik Kurulu oluşturulmuştur. Yalnız, Cumhurbaşkanı, Türkiye Büyük Millet Meclisi ve Bakanlar Kurulu üyeleri ile Türk Silahlı Kuvvetleri, yargı mensupları ve üniversiteler söz konusu Kanun hükümlerinden ayrık tutulmaktadır. Ayrık hükümler dikkate alındığında, ülkemizde etik ilkeler konusunda gelişmeler olmakla birlikte, henüz tam bir kurumsallaşmaya gidilemediği görülmektedir.

5.1.6.3.1. Türk Kamu Yönetiminde Etik Yasal Altyapı

Kamu yönetiminde etik ilkeler konusunda önemli düzenlemeleri içeren bazı kanun, yönetmelik ve yasal düzenlemeler aşağıdaki gibidir.

- Anayasa'nın 10'uncu, 129'uncu ve 137'nci maddesi
- 5176 Sayılı Kamu Görevlileri Etik Kurulu Kurulması Hakkında Kanun
- Kamu Görevlileri Etik Davranış İlkeleri ile Başvuru Usul ve Esasları Hakkında Yönetmelik
- 657 Sayılı Devlet Memurları Kanunu
- 5237 Sayılı Türk Ceza Kanunu
- 2531 Sayılı Kamu Görevlerinden Ayrılanların Yapamayacakları İşlere Dair Kanun
- 3628 Sayılı Mal Bildiriminde Bulunulması, Rüşvet ve Yolsuzluklarla Mücadele Kanunu

• 4982 Sayılı Bilgi Edinme Hakkı Kanununu

• 1156 Sayılı Kanuna Mugayir Tahakkuk ve Tediye Muamelatını İhbar Edenlere İkramiye İtasına Dair Kanun

• Bağımsız İdari Otoritelerle İlgili Yasal Düzenlemeler

• 832 Sayılı Sayıştay Kanunu

• 2443 Sayılı Devlet Denetleme Kurulu Kurulması Hakkında Kanun

• 5018 sayılı Kamu Mali Yönetim ve Kontrol Kanunu[166].

İç hukukumuzdaki bu düzenlemeler yanında Türkiye'nin taraf olduğu uluslararası anlaşma ve kararlar da kamu yönetiminde etik ilkeler konusunda önemli düzenlemeleri içermektedir. Bu düzenlemeleri şöylece sıralamak mümkündür.

5.1.6.3.2. Kamu Yönetiminde Yolsuzluk, Rüşvet ve Etikle İlgili Türkiye'nin Taraf Olduğu Uluslararası Anlaşma ve Kararlar

✓ 1 Şubat 2000 - 4518 sayılı Kanunla onaylanan OECD Uluslararası Ticari İşlemlerde Yabancı Kamu Görevlilerine Verilen Rüşvetin Önlenmesi Sözleşmesi.

✓ 24 Mart 2001 – İçeriğinde yolsuzlukla mücadeleyle ilgili öncelikli hedeflerinde yer aldığı Avrupa Birliği Müktesebatının Üstlenilmesine İlişkin Türkiye Ulusal Programının Uygulanması, Koordinasyonu ve İzlenmesine Dair Karar.

✓ 17 Nisan 2003 - 4852 sayılı Kanunla onaylanan Yolsuzluğa Karşı Özel Hukuk Avrupa Konseyi Sözleşmesi.

✓ 10 Aralık 2003 - Yolsuzluğa Karşı Birleşmiş Milletler Sözleşmesi.

✓ 14 Ocak 2004 – 5065 sayılı Kanunla onaylanan Yolsuzluğa Dair Ceza Hukuku Avrupa Konseyi Sözleşmesi[167].

---

[166] http://www.etik.gov.tr/mevzuat/mmevzuat.htm, Erişim: [12 Mayıs 2009].
[167] http://www.etik.gov.tr/mevzuat/mmevzuat.htm, Erişim: [12 Mayıs 2009].

5.1.6.4. Elektronik Devlet Uygulamaları

Ülkemizde, 1990'lı yıllardan itibaren, kamu kurumlarında kurumsal bilgilerin bilgisayar ortamına aktarılması, bilgi işlem merkezlerinin kurulması, bilgisayar kullanımının yaygınlaştırılması ve kamu kurumlarının web sayfasının oluşturulması gibi çalışmalar kurumsal düzeyde başlamıştır.

Temmuz 1999'da; Enformasyon teknolojilerinin geliştirilmesi ve bilgi toplumuna geçişin sağlanması maksadıyla enformasyon alanında kamu güvenliği ve menfaatleri, sosyoekonomik, yasal, kurumsal ve dönüşebilecek diğer hususları da kapsayan bir enformasyon (internet dahili) politikasının geliştirilmesine amacıyla, Türkiye Ulusal Enformasyon Altyapısı Ana Planı (TUENA) Ulaştırma Bakanlığı tarafından kabul edilmiştir[168].

2000'li yıllara girerken büyük bir ivme kazanan teknolojik gelişmeler, ekonomik ve toplumsal hayatta değişim nedeniyle, bilgi ve iletişim teknolojilerinin yaygın kullanımı zorunlu hale gelmiştir. Bu nedenle, küresel gelişmeler dikkate alınarak, 2023 yılı perspektifi ile hazırlanan VIII. Beş Yıllık Kalkınma planında *"...temel değerlerimizi ve kimliğimizi koruyarak, bilgi toplumuna geçişin sağlanması ve toplumun yaşam kalitesinin yükseltilmesi..."* uzun vadeli temel amaç olarak belirlenmiştir.

4 Aralık 2003 tarih ve 2003/48 sayılı Başbakanlık Genelgesiyle e-Dönüşüm Türkiye Projesi Kısa Dönem Eylem Planı (KDEP) uygulamaya konmuştur. Ayrıca söz konusu Genelgeyle e-Dönüşüm Türkiye İcra Kurulu oluşturulmuş bulunmaktadır[169].

Son olarak, Türkiye'nin bilgi toplumuna dönüşüm sürecinde koordinasyonu sağlamak amacıyla, e- Dönüşüm Türkiye Projesi kapsamında hazırlanan ve 2006-2010 dönemini kapsayan Bilgi Toplumu Stratejisi ve Ek'i Eylem Planı, 2006/38 sayılı Yüksek Planlama Kararı ile onaylanmış ve 28 Temmuz 2006 tarihinde Resmi Gazete'de yayımlanarak yürürlüğe girmiştir[170].

Eylem planına göre Bilgi Toplumu Stratejisinin uygulanması sürecinde; elektronik ortamda sunulması mümkün olan tüm kamu hizmetlerinin elektronik ortama aktarılması

---

[168] http://www.bilgitoplumu.gov.tr/yayin/TUENA-RAPOR.pdf, Erişim: [12 Mayıs 2009], s.5.
[169] http://www.bilgitoplumu.gov.tr/kdep.asp, Erişim: [12 Mayıs 2009].
[170] http://www.bilgitoplumu.gov.tr/btstrateji/BTS_Degerlendirme_IV.pdf, [12 Mayıs 2009], s.,3

hedeflenmiştir. Ayrıca, vatandaş ve işletmelerce yapılan her üç kamu işleminden birinin elektronik kanallardan gerçekleştirilmesi, elektronik kamu hizmetlerinde kullanıcı memnuniyetinin de yüzde 80 seviyelerine yükseltilmesi, Avrupa Birliği 20 temel kamu hizmetinde ulaşılan seviyenin yüzde 100'e ulaştırılması hedeflenmektedir[171].

5.1.6.4.1. Türkiye'de E-Devlet Uygulamalarının Alt Yapısı (Mernis)

Türkiye, AB projelerinde olduğu gibi bütün hizmetlerin tek bir omurga üzerinden sunulabileceği tümleşik bir e-devlet modeli için temel proje İçişleri Bakanlığı Nüfus Vatandaşlık İşleri Genel Müdürlüğü Merkezi Nüfus İdaresi Sistemi Projesi (MERNİS)'dir. 1972'de başlayan MERNİS projesi 30 yıl kadar uzun bir geçmişin ardından Kasım 2002'de tam olarak kullanılabilir bir sistem haline gelmiştir. MERNİS projesi ile ölü ve sağ tüm Türkiye Cumhuriyeti vatandaşına veri tabanlarında kullanmak üzere birer T.C. kimlik numarası verilmiş, bütün nüfus kayıtları elektronik ortama geçirilerek bir 'Nüfus Bilgi Bankası' oluşturulmuştur. Böylece MERNİS'in, elektronik alanda hizmet sunmaya hazırlanan devlet yapısının merkezi bir unsuru haline geleceği düşünülmektedir.

5.1.6.4.2. Diğer Elektronik Devlet Uygulamaları

MERNİS projesindeki gecikme etkisiyle Türkiye'de e-devlet yapılanması sürecinde birbirinden habersiz ve bağımsız platformlarda birçok irili ufaklı proje hayata geçirilmiştir. SAY2000i projesi, bu alanda atılmış önemli adımlardan biridir.

Bunun yanı sıra, vergi idarelerinin modernizasyonu kapsamında,

- Vergi Dairesi Tam Otomasyon Projesi (VEDOP)
- Yine e-maliye kapsamında yürütülen Kamu Hesapları Bilgi Sistemi (KBS),
- Bütçe Yönetim ve Enformasyon Sistemi (BYES),
- Milli Emlak Otomasyon Projesi (MEOP),
- Nakil Vasıtaları Vergi Dairesi Otomasyonu Projesi (MOTOP),
- İçişleri Bakanlığı'nın İl Envanteri Modernizasyonu Projesi (İLEMOD) ve Polis Ağı Oluşturma Projesi (Pol-Net),
- Milli Eğitim Bakanlığı'nın Yönetim Bilgi Sistemi (MEB-NET),

---

[171] http://www.bilgitoplumu.gov.tr/btstrateji/BTS_Degerlendirme_IV.pdf, [12 Mayıs 2009], s.91.

- Adalet Bakanlığı'nın Ulusal Yargı Ağı (UYAP),
- Tapu Kadastro Genel Müdürlüğü'nün Tapu Kadastro Bilgi Sistemi (TAKBİS),
- MTA'nın Yerbilimleri Data Merkezi,
- DSİ'nin Sel ve Deprem Felaketi Acil Yardım Projesi (TEFER),
- Gümrük Müsteşarlığı'nın Gümrük Sistemleri Otomasyon Projesi (GİMOP) gibi birçok proje bulunmaktadır[172].

5.1.6.5. İşletme Tekniklerinin Kullanılması

Kamu yönetiminde işletme yönetimi değerlerinin egemen kılınması yönündeki reformlar, Yeni Kamu İşletmeciliği (YKİ) yaklaşımı çerçevesinde kavramlaştırılmaktadır.

5.1.6.5.1. Toplam Kalite Yönetimi

Çağdaş bir yönetim tekniği olan toplam kalite yönetimi, kurumdaki tüm çalışanların faaliyetlerini, süreçlerin, ürünlerin ve hizmetlerin sürekli iyileştirilmesi yoluyla, yurttaşların memnuniyeti ortak hedefine odaklayan bir yönetim tekniği ve felsefesi olarak ortaya çıkmıştır. Pek çok değişim ve dönüşüm arayışlarına rağmen hizmet sunumunda somut başarılar sağlayamayan geleneksel kamu yönetimi anlayışı, bürokratik kuralların katı bir biçimde uygulanmasını ve yurttaşlara hizmetin bu kurallara bağlı kalınarak yerine getirilmesini öngören ve uygulayan bir anlayıştır. Bu açıdan kamuda TKY uygulaması belli bir felsefe değişimini de gündeme getirmektedir.

Doğru uygulandığı takdirde hem devletin, hem vatandaşların ve hem de çalışanların TKY uygulamasından büyük faydalar elde ettiği TKY uygulamasının kamu sektöründeki örnekleri sağlıktan eğitime, güvenlikten yargıya kadar oldukça geniş bir alanı kapsamakta olup, bu anlayış verimlilik artışına giden en düşük maliyetli ve en az sermaye gerektiren yollardan birisidir.

5.1.6.5.2. Performans Yönetimi

Kamu hizmet kalitesinin arttırılmasında, bu hizmetlerin arzında yaşanan sorunların asgariye indirilmesi önem taşımaktadır. Bu bağlamda, kamu hizmetlerinin kalitesini arttıracak diğer

---

[172] Coşkun Can Aktan, **"Türkiye'de E-Devlet"**, http://www.canaktan.org/politika/edevlet/turkiyede.htm, Erişim: [12 Mayıs 2009].

bir konu kamu çalışanlarının performans düzeylerinin arttırılmasıdır. Bunun sağlanmasının bir yolu da nesnel, tutarlı ölçütlere dayalı, esnek ve etkin bir performans ücret ve ödüllendirme düzeninin oluşturulmasıdır.

Performansa dayalı böyle bir personel rejimi, kamu personelinin vatandaş ve yatırımcıyı *teba* olarak değil *müşteri* olarak görmesini sağlayacak ve kamu personelinin görevini yerine getirmekteki başarı derecesi olan *performans ölçütü* hizmetin etkinliğinin de değerlendirilebilmesinde somut bir kriter olacaktır.

5.1.6.5.3. Vatandaş Odaklılık

Devlet nihayetinde vatandaşa hizmet için kurulmuş bir organizasyondur. Vatandaş odaklı yönetim, esas olarak işletme yönetimindeki müşteri odaklı yönetim anlayışının kamu hizmetlerinin üretim ve sunumuna bir yansımasıdır.

Kamuda gelenekselleşmiş bir yapı olan bürokratik kültürün yerini alması hedeflenen bu yeni anlayış, teorik ve pratik olarak özel sektör yönetiminden esinlenmekle beraber kâr amacı gütmeyen kamu yönetiminin kendine özgü özelliklerini muhafaza ederek işletme yönetiminde uygulanan müşteri odaklı yönetim anlayışının teknik ve ilkelerini uygulayarak kamu hizmetini etkin ve verimli, ekonomik ve kaliteli olarak sunmaya çalışan bir nitelik arz etmektedir.

Günümüz insanının artan ihtiyaçları ile hızla değişen ve gelişen toplum yapısı, klasik yönetim anlayışını, sorgulamaya başlamıştır. Değişim talepleri, toplumun değişen beklentilerine uygun olarak yeni hizmet sunumlarının geliştirilmesini zorunlu kılmaktadır. Bu taleplere başarıyla cevap verebilmek için vatandaşı yönetimin daha çok merkezine koyan bir hizmet anlayışı esas alınmaktadır.

5.1.7. Yapılması Gerekenler ve Çözüm Önerileri

5.1.7.1. Üst Kavram: İnsan Hak ve Özgürlüklerine Saygı

İnsan hakları insanlık onuru ile ilgili bir kavramdır. Diğer bir deyişle, insan hakları ile insanın onurlu yaşama istek ve amacının mücadelesi yapılmaktadır. Haklarından yoksun bırakılan insanların onurlarıyla birlikte birçok değerde de yoksun kaldıklarını olaylar ve tarih kanıtlamaktadır.İnsan haklarının korunmasının temelinde insanların bağımsız ve hür yaşama düşüncesinin etkisi vardır. Bu haklarını koruyamayan insanların bağımsız bir kişilik ve özgür bir toplum oluşturmaları mümkün değildir. İnsan hakları konusunda temel bir belge olarak kabul edilen Birleşmiş Milletler Şartı'nın 1. maddesi şöyledir: "İnsan haklarının sağlanması, insanların mutluluğu, barış ve güvenliğinin temel şartıdır."

İnsan, yaşama ve var olma hakkıyla mutluluğu aramaktadır. Bunları gerçekleştirdiği ölçüde mutluluk sağlanacak, barışa yol açılmış olacaktır. İşte bu olgu, insan haklarının kime ve neye karşı korunacağı sorusunun da cevabıdır. Bu aşamada denilebilir ki, insanın mutluluğunu, barış ve huzurunu engelleyen her uğraşın özünde insan haklarına yöneltilen bir tehdit vardır. Her ne olursa olsun insan haklarının söz konusu tehditlerden korunması gerekir. Bilindiği üzere, bireyin Hukukunun yalnızca devletlerin inisiyatifine bırakılmamasına ve bireyleri, yurttaşı oldukları devletin hukuk dışı edim ve kararlarına karşı korumaya yönelik çabalar, Avrupa Konseyi üyesi ülkeler tarafından imzalanan ve 1953 yılında yürürlüğe giren *İnsan Haklarının ve Temel Özgürlüklerin Korunması Avrupa Sözleşmesi*'yle Avrupa Konseyi (AK) bünyesinde oluşturulan Avrupa İnsan Hakları Mahkemesi (AİHM) ile ilk güçlü bir kurumsal yapıya kavuşmuştur.

AİHM'nin en önemli hukuksal sonuçlarından birisi de bireyi uluslararası toplum içinde bir özne olarak kabul etmesi ve bireysel hakların korunması söz konusu olduğunda bu alanın devletlerarası ilişkiler ile sınırlı olamayacağını ortaya koymasıdır. Gerek AİHM gerekse 1998 tarihli Roma Antlaşması ile temelleri atılan ve 2002'den itibaren süreklilik kazanan Uluslararası Ceza Mahkemesi (UCM), insan hakları ihlalleri söz konusu olduğunda ulusal yargının ötesine geçilebileceğini, yine aynı ilkeler dolayısıyla siyasal iktidarın kendi yurttaşları hakkında bile uluslararası hukukla bağlı olacağını hukuksal sonuçlarında göstermektedir.

İnsan haklarının ulusal hukuktaki ilk dayanağı Anayasa'dır. Anayasa'nın Cumhuriyetin niteliklerine ilişkin 2. Maddesi, *insan haklarına saygı* ilkesine yer vermiştir. Bu ilke çerçevesinde insan hakları eğitimi bir Anayasal yükümlülüktür.

Anayasa'nın 42. maddesinde yer alan ve doğrudan bir insan hakkı olan eğitim ve öğrenim hakkı ve ödevinden başka, özellikle 1973 tarihli ve 1739 sayılı Milli Eğitim Temel Kanunu'nun 2/2 maddesinde, *bireylerin hür ve bilimsel düşünme gücüne, geniş bir dünya görüşüne sahip, insan haklarına saygılı, kişilik ve teşebbüse değer veren, topluma karşı sorumluluk duyan; yapıcı, yaratıcı ve verimli kişiler* olarak yetiştirilmesinin amaçlandığı belirtilmiştir.

Devlet, insan haklarının korunması ve geliştirilmesinde birinci derecede sorumludur. Toplumsal barışın sağlanması bu görevin yerine getirilmesiyle mümkündür. Bu sorumluluk demokratik devletin temel niteliklerindendir.

5.1.7.2. Huzur ve Toplumsal Barış Ortamının Sağlanabilmesi

Bir insan grubunun gerçek anlamda bir toplum olmasına olanak veren iç barış olarak da ifade edilebilecek olan kamu düzeni ile elde edilecek olan asgari sükûnet, herkese özgürlüklerden yararlanma güvencesi sağlar. Diğer bir ifadeyle; kişiler için özgür bir ortam, ancak, kamu düzeninin varlığı ile mümkün olabilir. Özgürlükler, ancak bir düzen içinde mevcut olabilir. Bu durumda; huzur içinde ve özgürce yaşamak isteyen kişilerin ve toplumların öncelikli ihtiyacı ve bu bağlamda talebi, kamu düzeninin sağlanması olmalıdır. Yani, kamu düzeninin sağlanması, kişilerin ve toplumun devlete yönelttiği öncelikli taleplerden biridir. Bu durumda; kamu düzeninin sağlanması amacıyla yapılan kolluk faaliyetinin altında da, bir toplumsal ihtiyaç yatmaktadır.

Etkili bir güvenlik hizmetinin amacı sadece güvenliği korumak ve asayişi sağlamak değildir. Devletin var oluşunun ve varlığını sürdürmesinin en temel şartlarından biri de devlet otoritesinin tesis edilmesidir. Devletin ve beraberinde toplumun ve fertlerin güvenliklerinin sağlanması ana amaçtır. Bu süreç içinde, toplumun çeşitli kesimlerindeki ekonomik faaliyetler devam edebilecek, kişiler sahip oldukları hakları serbestçe kullanabilecek, huzur ve barış ortamı engelsiz bir şekilde sürdürülebilecektir.

İşte bir yandan bu ortamın sağlanması ve diğer yandan çıkabilecek engellerin önlenmesi için gerekli tedbirlerin alınması geniş anlamda güvenlik kamu hizmetlerinin amacını oluşturur[173]. Nitekim bir kamu hizmeti olan kolluk faaliyetleri ile güvenliğin sağlanmasının yetersiz kalması durumunda hizmet kusuru yani hizmetin kötü işlediği kabul edilmekte ve idari yargı makamlarınca idarenin maddi ve manevi sorumluluğuna gidilebilmektedir.

---

[173] DPT, **Sekizinci Beş Yıllık Kalkınma Planı, Güvenlik Hizmetlerinde Etkinlik Özel İhtisas Komisyonu Raporu** http://ekutup.dpt.gov.tr/guvenlik/oik583.pdf, Erişim: [5 Eylül 2009], s.3.

5.1.7.3. Kamu Personel Sisteminin İyileştirilmesine İlişkin Öneriler

Kamu personel rejimi, devletin fonksiyonlarını yerine getiren kamu görevlilerine ilişkin politika ve kurallar bütünü olarak ifade edilebilir. Bu tanımlamadan yola çıkıldığında kamu personel rejiminin, devletin fonksiyonlarındaki değişikliklerden doğrudan etkilendiği açıktır.

Teknolojik ve ekonomik gelişmelere bağlı olarak devletin ekonomik ve sosyal hayattaki fonksiyonlarının niteliğinde ve alanlarında değişmeler olmaktadır. Bu anlamda, ülkemizde de Cumhuriyetin ilanından sonra kamu personel rejiminin günün şartlarına uygun hale getirilmesi çalışmaları yapılmıştır. Özellikle 1945 yılından planlı döneme kadar olan dönemde idari ve personel sistemimizin aksayan yönlerini ve çözüm önerilerini içeren hususlarda düzenlenmiş olan yabancı uzman raporları dikkat çekmektedir.

1960'dan sonraki planlı dönemde ise, personel Türkiye ve Ortadoğu Amme İdaresi Enstitüsü (TODAİE) öncülüğünde Merkezi Hükümet Teşkilatı Araştırma Projesi hazırlanmış ve sunulan raporda rasyonel teşkilatlanma, koordinasyon ve etkin mali kontrol, personel sisteminin iyi işlemesi için alınması gereken tedbirlerle Bakanlıkların teşkilat yapılarının geliştirilmesine yönelik öneriler getirilmiştir.

Kamu personeli sistemine ilişkin yapılan çalışmaların sürecine bakıldığında her dönemde etkili olan unsurlar farklılık göstermektedir. 657 sayılı Kanunun hazırlanmasına özellikle yabancı uzman raporları olmak üzere yerli ve yabancı uzman raporları temel teşkil ederken yanı sıra 1990 sonrası ve son dönemde ise, küresel etkilerin ve örgütlenmelerin (AB, IMF, Dünya Bankası, OECD) etkili olduğu da söylenmektedir.

Mevcut siyasi otoritenin gündeminde olan kamu yönetiminde yeniden yapılanma kapsamında kamu personel rejimi reform çalışmalarında ise; norm kadro uygulamasına geçilmesi, statü azaltılması ve benzer statüler arasında ekonomik ve sosyal farklılıkların giderilmesi, eşit işe eşit ücret uygulaması, performansa dayalı ücret sistemi, devletin asli ve sürekli görevlerinin sınırlarını belirlemek, bu görevleri yürütenlerin dışındakilerin İş Kanununa alınması gibi ilkeler ön plana çıkmıştır[174].

---

[174] TESEV, **Kamu Personel Yönetim Sistemi Raporu Kritik Ve Reform Önerileri,** (Ekim 1999) http://www.tesev.org.tr/projeler/proje_kamu_personel.php, Erişim :[5 Eylül 2009].

5.1.7.4. Kamu Yönetiminde Saydamlığın Sağlanması

Mali saydamlık, hükümetin yapısının ve fonksiyonlarının, mali politika planlarının, kamu kesimi hesaplarının ve mali hedeflerinin kamuoyuna açık olmasıdır. Bu ilke, verilerin ulaşılabilirliğini, kapsamlılığını, zamanlılığını, anlaşılır olmasını ve devlet faaliyetlerinin (kamu kesiminin iç ve dış faaliyetlerinin) uluslararası karşılaştırılabilir olmasını sağlar. Böylece devletin mali durumu seçmenlerce ve mali piyasalarca doğru bir şekilde değerlendirilebilir. Devlet faaliyetlerinin geleceğe ilişkin ekonomik ve sosyal etkileri ile fayda ve maliyetleri doğru olarak hesaplanabilir[175].Hemen belirtmek gerekir ki, mali saydamlık, sağladığı faydaların yanı sıra, görevlilerin sorumluluğunu arttırması bakımından sürdürülebilir olmayan nitelikteki politikaların getirmiş olduğu politik riskleri de arttırır[176].

1997 yılında Güney Doğu Asya'da yaşanan finansal krizin tartışılması sürecinde gelişen yaklaşımlardan biri de, ekonomide yaşanan gelişmelerin ve mevcut yapının resmini verecek olan piyasalarda yeterli açıklığın ve saydamlığın bulunmaması nedeniyle ekonominin gidişatının öngörülemediği ve önceden tedbir almanın mümkün olmadığıdır. IMF'nin 1997 yılı raporunda, Güney Kore'nin mali alandaki performansının arzu edilen düzeyde bulunduğunun belirtilmesi, uluslar arası kredilendirme kuruluşlarının Tayland'ın makroekonomik politikasının sağlıklı olduğunu ileri sürmesi mali saydamlığın olmaması nedeniyle, krizin ya da krizin boyutunun önceden görülmesindeki başarısızlığı göstermektedir[177]. Devletlerin hesap ve işlemleri konusunda açık olmaması, genel kabul görmüş standartlara göre bilginin üretilmemesi piyasa ekonomisi kurallarının yeterince etkin çalışmasını engelleyen temel faktörlerdendir. Devletin, özellikle kamu kaynaklarının tahsis aracı olması beklenen bütçelerinde ve buna ilişkin diğer mali mevzuatında saydamlığın gerçekleştirilmesi, bugün makroekonomik istikrarın sağlanması, yetkin devlete (yönetme kapasitesi yüksek devlete) ulaşılması açısından çok önemli bir ön şart olarak görünmektedir[178].

---

[175] Harun Cansız, **Kamu Mali Yönetiminde Saydamlık**, Afyon Kocatepe Üniversitesi İktisadi Ve İdari Bilimler Fakültesi Dergisi Cilt 2, Sayı:1, Temmuz-2000, s. 267.
[176] DPT, ***Kamu Mali Yönetiminin Yeniden Yapılandırılması ve Mali Saydamlık, Özel İhtisas Komisyonu Raporu,*** DPT Yayınları: Ankara, 2000, s.83.
[177] Abdülkadir Göktaş, **"Güneydoğu Asya Krizinin Maliye Ve Para Politikaları Açısından Sonuçları"**, Maliye Dergisi, Sayı:133, Ocak-Nisan 2000, s. 11.
[178] Emin Dedeoğlu, Ferhat Emil ve Can M. Erdem, **"Kamu Mali Mevzuatının Uygulanması ve Saydamlığı Üzerine Gözlemler: Bütçe Kanunları Mali Disiplini Ne Ölçüde Sağlıyor?", Devlet Reformu: Kamu Maliyesinde Saydamlık,** Tesev: İstanbul, 2000, s.52.

5.1.7.5. Kamu Hizmet Sunum Standartlarına İlişkin Öneriler

Kamu hizmet sunun standartlarına ilişkin öneriler şu şekilde özetlenebilir:

- Kamu hizmeti sunan bazı kuruluşlardan başlayarak her bir idarede fonksiyonlar itibariyle ana ve tali hizmet alanları tek tek belirlenmeli ve hizmet grupları sınıflandırılmalıdır.
- Her bir hizmet grubuyla ilgili görevler unvan bazında tespit edilmeli, görevlilerin isimlerinin hizmetten faydalanacak kişilerce bilinmesi sağlanmalıdır.
- Her bir hizmet ve aşama ile ilgili standart süreler konulmalıdır.
- Sürelere uyulmamasının müeyyideleri açık ve anlaşılır biçimde yayınlanmalı, üst amirlerin bu konudaki takdir hakkı kısıtlanmalı, objektif kurallar uygulanmalıdır.
- Kamu hizmetinde terfi ve maaş sisteminin performansı da esas alan kriterlerle ilişkilendirilmeli, kamu görevlerine girişte ehliyet ve liyakat ilkeleri ön plana alınmalıdır.

5.1.7.6. Etik Çalışmalara Yönelik Öneriler

Devlet yönetiminde etik bilincin en tepeden aşağıya kadar var olması bir siyasal sistemin iyi işleyişinin garantilerinden birisidir. Çok köklü bir devlet ve kamu geleneği olduğu halde bugün bir yozlaşma içinde bulunduğu görülen Türk kamu yönetimi, çağdaş etik kural ve ilkeleri ihtiva eden düzenlemeleri hızlı ve etkili bir biçimde, hiç vakit kaybetmeden oluşturması ve uygulanması gerekmektedir.

5176 Sayılı Kanun'da kamu görevlilerinin tabi olacakları etik davranış ilkelerinin yasal çerçevesi çizilmeden, etik ilkeleri tanımlama görevi Kamu Görevlileri Etik Kuruluna bırakılmıştır. Bu anlamda etik davranış ilkelerinin Kanun'da tanımlanması ve ana hatlarının belirlenmesi daha etkili bir düzenleme olacaktır.

Türkiye Büyük Millet Meclisi tarafından 18 Mayıs 2006 tarihinde onaylanan Birleşmiş Milletler Yolsuzlukla Mücadele Sözleşmesi'nin *Kamu Görevlileri İçin Davranış Kuralları* başlığını taşıyan 8. Maddesinin beşinci paragrafı şöyledir. "Her Taraf Devlet, uygun hallerde ve iç hukukunun temel ilkelerine uygun olarak, kamu görevlilerinin görevlerinin icrasına ilişkin olarak bir çıkar çatışması yaratabilecek nitelikteki meslek-dışı faaliyetleri, istihdamları, yatırımları, mal varlıkları ve aldıkları hediye veya edindikleri faydaları ilgili makamlara bildirmeye zorunlu kılacak tedbirleri almaya ve sistemleri kurmaya çaba sarf edecektir" [179].

OECD'nin 1998 tarihli *Kamu Hizmeti'nde Etik İlkelerle İlgili Tavsiye Kararı*'nda da etkili bir altyapının etkili yaptırım mekanizmalarıyla desteklenmesi gerektiği vurgulanmaktadır. Bu noktada 5176 Sayılı Kanunun yaptırım açısından yeterli olduğu söylenemez. 5176 Sayılı Kanun etik ihlallerle ilgili yalnızca Resmi Gazetede yayınlanma yaptırımını öngörmektedir. Böyle dar kapsamlı ve etkisi tartışılır bir yaptırımın yönetmelikle düzenlenen etik standartların hayata geçirilmesinde etkili olamayacağı açıktır. Yasa değişikliği ile mevcut kanuna etkili yaptırımların eklenmesi Türkiye'de etik standartların hayata geçirilmesi için gereklidir.

Ayrıca Devletin bir bütün olarak etik ilkelere bağlı bir şekilde faaliyet göstermesi bekleniyorsa yürütmeyle birlikte yasama ve yargı sisteminde de etik davranış kodlarının düzenlenip bir an önce yürürlüğe sokulması gerekmektedir. Ancak bu şekilde temiz siyaset, dürüst bürokrasi, açık toplum ideali gerçekleşebilecektir[180].

Türkiye'de devletin kutsallığı ve sorgulanamazlığı hala ayrı bir kültürel değerdir. Bu, Türkiye'de açıklığın sağlanmasının önünde büyük bir engeldir. Devletin çıkarlarını korumak devlet memurlarının en başta gelen resmi görevlerinden biridir. Bu hukuk kuralı, devlet memurlarının ve politikacıların her türlü davranış ve faaliyetleri için güçlü bir gerekçe sağlamaktadır [181]. Kültürel sorunların ancak kültürel araçlar kullanılarak çözülebileceği gerçeğinden hareketle yozlaşma ve etik dışı davranışlarla mücadelenin kültürel tedbirlerle de desteklenmesi için bu alanda uzun vadeli bir strateji hazırlanmalıdır.

5.1.7.7. Yolsuzluk Sorunuyla Mücadele

Türk Dil Kurumu Türkçe Sözlük'te yolsuzluk kelimesi *"Bir görevi, bir yetkiyi kötüye kullanma"*ya karşılık olarak almaktadır. Dünya Bankası yolsuzluğu, *"Kamu gücünün özel çıkar için kullanılması"* şeklinde tanımlamıştır.

---

[179] Ömer Faruk Gençkaya, **Çıkar Çatışması,** Mayıs 2009, s.33.
[180] Cüneyt Yüksel, **Türk Kamu Yönetiminde Etik Mevzuatı Değerlendirmesi Ve Çözüm Önerileri,** Boğaziçi Üniversitesi İktisadi ve İdari Bilimler Fakültesi, www.etikturkiye.com, s.359.
[181] Cahit Emre, **Kültürel Değerler, Ahlak Ve Türkiye'de Kamu Yönetimi,** http://acikarsiv.ankara.edu.tr/fulltext/3452.pdf, Erişim: [12 Haziran 2009], s.18.

4 Ocak 1999 tarihli Avrupa Konseyi Yolsuzlukla Mücadele Özel Hukuk Sözleşmesi'nin 2. nci maddesinde yolsuzluk; *"...doğrudan doğruya ya da dolaylı yollardan rüşvet ve yasadışı bir menfaat temin eden kişinin yürüttüğü görevlerin veya gerekli davranışların yasalara uygun bir şekilde yerine getirilmesinde sapmalara yol açan rüşvet veya başka her türlü yasadışı menfaatin talep edilmesi, teklif edilmesi, verilmesi ya da kabul edilmesi"* şeklinde tanımlanmıştır.

Birleşmiş Milletler Bölgeler Arası Suç ve Adalet Araştırmaları Enstitüsü (UNICRI) tarafından da yolsuzluk; *"kamu ve özel kuruluşların karar verme mekanizmalarındaki yozlaşma ve bozulma"* şeklinde özel kesimi de kavrayacak şekilde tanımlanmıştır.

Uluslararası Saydamlık Örgütü ise sadece kamu değil özel kesimdeki yolsuzluğu da dikkate alan daha genel tanımlar yapmayı tercih etmiştir. Pek çok tanımlama çabalarına rağmen, yolsuzluğu tüm unsurları ile kapsayan, evrensel olarak kabul görmüş tek bir tanım bulunmamaktadır. Nitekim yolsuzlukla mücadele alanında en önemli uluslararası belge olan Birleşmiş Milletler Yolsuzlukla Mücadele Sözleşmesi hazırlık aşamalarında da genel bir yolsuzluk tanımına ulaşılamamış; bunun için Sözleşmede yolsuzluk tanımı yerine temel yolsuzluk fiil ve tiplerinin listelenmesi yöntemi seçilmiştir.

Türk hukukunda da yolsuzluk tanımı veya bu adla tanımlanmış bir suç yoktur. 3628 sayılı Mal Bildiriminde Bulunulması, Rüşvet ve Yolsuzluklarla Mücadele Kanununda yolsuzluk ayrı bir suç olarak değil, bir suç kategorisi olarak alınmıştır. Yolsuzluğun ortaya çıkardığı sonuç, sadece kamu gücünü kötüye kullanan görevlinin elde ettiği özel çıkarla sınırlı değildir. Yolsuzluk, toplumun her alanında önemli sorunları da beraberinde getirmektedir.

Dolayısıyla yolsuzluk sadece rüşvete konu değer veya zimmete geçirilen kamu kaynağı gibi unsurlarla sınırlı olmayan, ekonomik, siyasi, hukuki ve toplumsal açıdan derin sonuçları olan bir olgudur. Bu nedenle yolsuzlukla mücadele, aynı zamanda yoksullukla, adaletsizlikle mücadeledir. Demokratik kurum ve kuralların işlediği, hukukun hakim olduğu bir Türkiye için yolsuzlukla mücadele ön şart olarak görünmektedir.

5.1.7.8. Adalet ve Eşitlik Hakimiyetinin Kurulması

Tutarlı ve çağdaş yasalara, etkin ve verimli çalışan mahkemelere ve kanunları adil ve şeffaf bir şekilde yorumlayan ve uygulayan düzenleyici kurumlara sahip bağımsız bir yargı sistemi hukukun üstünlüğünü sağlamanın bir anahtarıdır. Bu bağlamda etkin bir yönetişim çerçevesinde yasalar; kapsam ve uygulama açısından genel olmalı, yasal bir otorite tarafından yapılmış, kesin, açık, erişilebilirliği tutarlı ve uyulabilir olmalı, şeffaf süreçler yoluyla uygulanmalı, ilkeli bir muhakeme sistemine ve örgütlenmiş bir başvuru mekanizmasına sahip olmalı ve siyasi iradeden bağımsız bir yargı mercii tarafından yorumlanmalı ve izlenmelidir[182].

Ülkemizde adalet hizmetlerinde öncelikli tedbirlerden biri mümkün ve makul bir sürede adaletin gerçekleşmesini sağlamaktır. Halihazırda yargı süreçleri yavaş işlemekte, yargılamalar makul sürede sonuçlandırılamamakta, dolayısıyla adil yargılanma hakkı zedelenmektedir. Bu nedenle, mahkemelerin hızlı, adil ve etkili bir biçimde iş görebilmeleri için gereken fiziki imkan, yetişmiş yardımcı personel, hakim, cumhuriyet savcısı ve çağdaş donanım sağlanmalı ve iş yükü altında ezilmeleri mutlaka önlenmelidir.

Devlet ve diğer kamu tüzel kişileri, Anayasa ve yasalardan aldıkları görevleri kamu hizmeti faaliyetlerini yürütmekle yerine getirirler. Devlet ve diğer kamu tüzel kişileri, bu görevlerini yerine getirirken, her şeyden önce hukuk devletinin gereği olarak hukukun sınırları içerisinde kalmak zorundadır. Öte yandan kamu hizmetlerinin toplum için en iyi, en yararlı, en verimli ve en rasyonel biçimde yerine getirilmesi gerekir. Bu bakımdan, bir yandan devlet ve diğer kamu tüzel kişilerinin, başka bir deyişle, idarenin eylem ve işlemlerinin hukuka uygunluğunun denetimini sağlamak, öbür yandan bu hizmetlerin verimli, yararlı, rasyonel biçimde yürütülmesini denetlemek üzere, çeşitli türde denetim mekanizmaları ortaya çıkmıştır. Bu mekanizmaların bir bölümü, idarenin yargısal denetimi olarak, diğer bir bölümü ise, genel olarak yargı dışı denetim şeklinde ifadesini bulmuştur.

Bilindiği gibi, Anayasamızın 125.nci maddesine göre, *"İdarenin her türlü eylem ve işlemlerine karşı yargı yolu açıktır."* Bunun ancak belirli istisnaları vardır. Bu arada idarenin eylem ve işlemlerinden dolayı zarara uğrayan vatandaşların bu zararlarının giderilmesi de, yine hukuk devletinin bir gereğidir.

5.1.7.9. Ombudsmanlık Kurumunun Oluşturulması

Türkçe'de ve değişik ülkelerde çeşitli adlarla adlandırılan bu kurum da, idarenin yargı dışı denetim mekanizmalarından biridir. Böyle bir kurum, Türkiye'de çalışmaya başladığı

---

182 Hakan Karabacak, **"Hukukun Üstünlüğü ve iyi Yönetişim"**, **İyi Yönetişimin Temel Unsurları,** T.C. Maliye Bakanlığı Avrupa Birliği ve Dış ilişkiler Dairesi Başkanlığı Yayını: Ankara, Nisan 2003, s.63.

zaman, her şeyden önce idare ile vatandaşların ilişkilerinde diyalog sağlanmış olacağı, idarenin yürüttüğü kamu hizmetlerinde kalite yükseleceği öngörülmektedir. İdare ile vatandaşlar arasındaki uyuşmazlıkların bir bölümü, bu yolla ortadan kalkacağı için; idari yargının yükü hafifleyecektir. Böylelikle idari yargının görevini daha verimli biçimde yürütmesi sağlanmış olacaktır.

Sonuç

Bu çalışma, çok çeşitli faktörlerin etkisiyle şekillenerek, çeşitli aşamalardan geçmiş, tarihi bir vakıa olan vergilendirmeye karşı vatandaşların direnç gösterme sebeplerinden biri olan kamu hizmetlerine yönelik algılamalardaki bozukluğun nasıl düzeltilebileceği sorusuna yanıt aramıştır.

Esasen, iktisat literatüründe *homo ekonomicus* (Ekonomik İnsan) olarak adlandırılan insan, sınırsız ihtiyaçlarını karşılayabilmek ve ekonomik faaliyetlerini yürütebilmek bakımından olabildiğince fazla kaynak elde etmek arzusundadır. Bu durumda; iktisaden rasyonel davranacağı kabul edilen birey, kazandığını en az kayıpla elinde tutabilmek için vergi ödememek ya da daha az ödemek yoluna gitmektedir. Özellikle de verginin karşılıksız ve cebri oluşu yönündeki klasik anlayış, kendi ekonomik dünyasında rasyonel davranan bireylerin, vergiye karşı büyük direnç göstermesine yol açmaktadır.

Halbuki, vergiler toplumda yaşayan bireylerin yaşam ve mülkiyet hakkının güvence altına alınması adına ödenmesi gereken bir bedel olarak düşünüldüğünde, vergi ahlakı gelişmiş rasyonel bireylerin güvenlik, sağlık, eğitim, adalet gibi temel ihtiyaçlarının giderilmesi için ekonomik ve sosyal hayata ilişkin fonksiyonlarını hakkıyla yerine getiren meşru bir otoriteye karşı, yasal yükümlülüklerini yerine getirecekleri ve aldıkları hizmetler karşılığında kendileri için yapılan harcamaları gönüllü olarak vergileri ile finanse edecekleri öngörülebilir bir tutum ve davranış olacaktır.

Ekonomik alanda kamu ekonomisini temsil eden ve vatandaşların kamusal ihtiyaçlarının etkin bir biçimde giderilmesinden sorumlu olan devletin, bu ihtiyaçların giderilmesinde uzun vadede ihtiyaç duyacağı finansman araçlarından biri ve en temel gelir kaynağı olan vergilerin toplanmasıyla ilgili olarak arzulananın aksine, bahsedildiği gibi bir dirençle karşılaşması, bu sorunun giderilmesine yönelik çok yönlü araştırmaların yapılmasını gerekli kılmıştır. Bu bağlamda; vergiye direnç konusunda, kamu hizmetlerine yönelik algılamaların iyileştirilmesi yolunda bugüne kadar neler yapıldığı ve yapılabileceğine ilişkin, çalışmamızda ulaşabildiğimiz sonuçlar aşağıda özetlenmektedir.

İncelemeler ışığında vergiye direncin sebepleri bakımından konu bazında belirlenen sınırın çok fazla dışına çıkmadan, genel olarak Türk Vergi Sistemine ilişkin yapılan çalışmalardan biri, ekonomik ve sosyal yapının örgütlenme düzeyi ile uygulanmaya çalışılan vergi sistemi arasındaki ilişkinin kurulması yönünde uygulanan reform çalışmalarıdır. Maliye Baş Hesap Uzmanı Ali Alaybek'in 22 Haziran 1949 tarih 22 sayılı Muhasebe *ve Maliye Mecmuası*ndaki makalesinde bahsettiği üzere bu reformların yapılması, adeta bir vergi inkılabı hareketi olarak atılmış önemli bir adım olarak kabul edilmiştir.

Yapılan bir diğer çalışma; gelir politikasının adalet ve tarafsızlık içinde uygulanmasına, vergi ve diğer gelirleri toplarken yükümlüler ve vergi idareleri açısından ciddi bir külfet olan maliyetlerin en aza indirilmesine ve yükümlü haklarının gözetilerek yüksek kalitede hizmet sunmak suretiyle yükümlülerin yükümlülüklerini kolayca yerine getirebilmeleri için gerekli tedbirlerin alınmasına, son olarak da yönetişim kavramı çerçevesinde; saydamlık, hesap verebilirlik, katılımcılık, verimlilik, etkililik ve mükellef odaklılık temel ilkelerine göre görev yapmak üzere; 05.05.2005 tarihli 5345 Sayılı Kanunla, Gelirler Genel Müdürlüğünün kaldırılarak yerine, Maliye Bakanlığına bağlı Gelir İdaresi Başkanlığının kurulmasıdır.

Çalışmamızın yapılmasındaki amaca hizmet etme bakımından daha doyurucu bir sonuç içeren diğer bir çalışma da kamu hizmetlerinin iyileştirilmesine yönelik çalışmalardır. Bu yönde atılan ilk adım 5018 Kamu Mali Yönetim ve Kontrol Kanununun çıkarılmasıdır. Bu kanun kamu hizmetlerinden yararlananlar ve vergiler yoluyla hizmetin finansmanını sağlayanlar olarak vatandaşların, kamudan beklentilerinin artması yönünde taleplere cevap verme açısından büyük önemi haizdir. Öyle ki; kanunun uygulamaya konulmasındaki amaç, şeffaflık, verimlilik ve hesap verebilirlik prensipleri çerçevesinde vatandaşlara yönelik daha kaliteli hizmet üreten bir kamu kesimi yaratmaktır.

Kamu hizmetlerinin iyileştirilmesine yönelik yapılmış bir diğer çalışma da, kamu hizmet sunum standartlarının uygulamaya konulmasıdır. Kamu hizmet sunum standardının uygulamaya konulmasındaki amaç yönetmelikte; etkin, verimli, hesap verebilir, vatandaş beyanına güvenen ve şeffaf bir kamu yönetiminin oluşturulması ve kamu hizmetlerinin hızlı, kaliteli, basitleştirilmiş ve düşük maliyetli bir şekilde yerine getirilmesinin sağlanması olarak ifade edilse de, bazı çalışmalarda yönetmeliğin, esasında daha çok kamu hizmetlerine yapılacak başvurularda düzenlemeye gittiğine yönelik eleştiriler yapılmıştır.

5176 Sayılı Kamu Görevlileri Etik Kurulu Kurulması Kanununun çıkarılması da kamu hizmetlerinin iyileştirilmesi yönünde yapılan çalışmalardan biridir. Bu kanun kapsamında, bilgi edinme konusunda özellikle vatandaşların karşılaştığı ve karşılaşabileceği engellerin ortadan kaldırılması, hukuk devleti ve insan haklarına dayanan devlet anlayışının pekiştirilmeye çalışılması, hesap verebilirlik, katılımcılık, açıklık ve saydamlık ilkelerinin daha fazla vurgulanması ve uygulamaya geçirilmesi, bu doğrultuda da vergiye uyumun sağlanması amaçlanan hedeflerdendir.

Temmuz 1999'da enformasyon teknolojilerinin geliştirilmesi ve bilgi toplumuna geçişin sağlanması maksadıyla Türkiye Ulusal Enformasyon Altyapısı Ana Planı'nın (TUENA) hazırlanmış olması ve yine kamu hizmet kalitesinin arttırılmasına ve bu hizmetlerin arzında yaşanan sorunların asgariye indirilmesine yönelik, *toplam kalite yönetimi, performans yönetimi* ve *vatandaş odaklılık* gibi işletme tekniklerinin kullanılması da araştırmalar ışığında konumuza ilişkin olarak tespit ettiğimiz diğer çalışmalardır.

Bütün bu iyileştirme çalışmaları ile istenilen hedeflere ulaşabilmek için her türlü devlet/birey ilişkisi kapsamında kamu hizmetlerinin yerine getirilmesi faaliyetlerinde temel ve üst kavram olan; insan hak ve özgürlüklerine saygının sağlanması, huzur ve toplumsal barış ortamının oluşturulması, yolsuzluk sorununun çözülmesiyle adalet ve eşitliğin hakimiyetinin kurulması, vergiye direncin azaltılabilmesi için kamu hizmetlerine yönelik algılamaların iyileştirilmesi yönünde yapılması gereken çalışmalar ve/veya öneriler arasında sayılabilir.

Sonuç olarak; Problemlerin onu oluşturan zihin yapısı ile çözülmesi mümkün değildir. Sosyal bilimlerde tek bir gerçek olmayacağı, bu araştırmanın konusunu oluşturan *Vergiye Direncin Azaltılabilmesi İçin Kamu Hizmeti Algılamaları Nasıl İyileştirilebilir* sorusuna bu araştırma kapsamında verilmiş cevaplar için de geçerlidir.

Bu bakımdan; Kamu maliyesinin gelir-harcama yönlerini oluşturan vergi/kamu hizmetleri ilişkisi bağlamında, vergiye direncin azaltılabilmesi için alınması gereken yasal tedbirlerin yanında, problem alanının yükümlü yönünü oluşturan *vergi bilincinin arttırılması* ve kamu yönetimi yönünü oluşturan *kamu hizmetleri kavramı* etrafındaki güncel tartışmalara ilişkin temel görüş, ya da kuramlar ile üretilen çözüm yolları birden çok ve genellikle de birbiriyle çelişiktir. Çözüm için bu görüş ve kuramlar arasından hangisinin/hangilerinin uygulamaya konulacağı siyasal bir tercih olduğundan, kendi tercihini Anayasa'da ifadesini bulan sosyal devlet ilkesi çerçevesinde üretilmiş çözümler yönünde kullanan bu çalışma, yeni bir önerme getirmemekte, dolayısıyla çalışmanın konusu bakımından betimleyici bir derleme olmaktadır.

Kaynakça

Kitaplar

Akdoğan, A. (1997), **Kamu Maliyesi**, Ankara: Gazi Yayınevi, Kasım.

Batrancea, L., Nichita, A., Batrancea, I. ve Kirchler, E. (2016). Tax Compliance Behavior: An Upshot of Trust in and Power of Authorities across Europe and MENA, M. M. Erdoğdu ve B. Christiansen (Der.), **Handbook of Research on Public Finance in Europe and the MENA Region**, IGI Global, Hersley, 2016, ss. 248-267.

Dileyici, D. ve T., Vural, **"Kamusal Mallar Teorisinde Yeni Gelismeler"**, **Kamu Ekonomisi ve Kamu Politikaları** (Edit: Coskun Can Aktan–Dilek Dileyici–İstiklal Y. Vural), Birinci Baskı, Seçkin Yayınları: Ankara.

Erdoğdu, M. M., Yılmaz, B. E., Aydın, M. ve User, İ. (2016). Political Economy of Tax Evasion and Tax Loss in the Real Estate Sector: A Property Tax Reform Proposal for Turkey, M. M. Erdoğdu ve B. Christiansen (Der.), **Handbook of Research on Public Finance in Europe and the MENA Region**, IGI Global, Hersley, 2016, ss. 268-298.

Eryılmaz, B. (2004), **"Kamu Yönetiminde Değişim"** , **II. Kamu Yönetimi Forumu Bildiriler Kitabı,** Hacettepe, Ankara.

Giritli, İ. ve T., Akgüner, (1987), **İdare Hukuku Dersleri**, İstanbul.

Günday, M. (2003), **İdare Hukuku,** Ankara:İmaj Yayıncılık.

Kamu Yönetimi Sözlüğü, (1998), TODAİE Yayınları: Ankara.

Karahanoğulları, O. (2002), **Kamu Hizmeti – Kavram ve Hukuksal Rejim**, Birinci Basım, Ankara: Turhan Kitabevi.

McGee, R. W. ve Benk, S. (2016). Attitudes toward Tax Evasion in Turkey: An Empirical Study, M. M. Erdoğdu ve B. Christiansen (Der.), **Handbook of Research on Public Finance in Europe and the MENA Region,** IGI Global, Hersley, 2016, ss. 299-318.

Mutlu, A. (2009), **Tanzimattan Günümüze Türkiye'de Vergileme Zihniyetinin Gelişimi**, M.B. Strateji Geliştirme Başkanlığı, Ankara.

Nadaroğlu, H. (2000), **Kamu Maliyesi Teorisi**, İstanbul: Beta Yayıncılık.

Özay, İ. H. (1992), **Günışığında Yönetim**, İstanbul.

Şenyüz, D. (1995), **Vergilemede Yükümlü Psikolojisi**, Bursa.

Türk, İ. (2002), **Kamu Maliyesi**, Güncelleştirilmiş 4. Basım, Ankara: Turhan Kitabevi.

Yaraşlı, G. O. (2005), **Türkiye'de Vergi Reformu,** Ankara: Başbakanlık Basımevi.

Süreli Yayınlar

Aktan, C. C., D. Dileyici, ve Ö. Saraç, (2003), **Vergilere Karşı Tepkilerin Anatomisi**, Phoenix Yayınevi: Ankara.

Alkış, A., **Yönetim Sorumluluğu Modelinde Hesap Verme Sorumluluğu**, Kamu Hesaplarına Uzman Bakış.

Arıkan, Y. (2006), **Kayıt Dışı Ekonomi İle Mücadele Aynı Zamanda Siyasi Bağımsızlık, Demokrasi ve Sosyal Barışımızın Devamı Açısından da İvedilikle Yerine Getirilmesi Gereken Bir Görevdir,** Mali Çözüm Dergisi, İSMMMO Yayını, Sayı:74, Ocak-Şubat Mart.

Ay, H. M. (2009), **Türkiye'de Kayıt dışı Ekonomiyi Önlemede Bilgi Ekonomisinin Etkinliği ve Gelir İdaresinin Rolü**, Selçuk Üniversitesi Karaman İ.İ.B.F. Dergisi, Sayı: 11, Aralık.

Aydın, M. B. (2006), **Kayıt Dışı Ekonomi- Vergi Denetimi- İdari Yapı (2),** Maliye ve Sigorta Yorumları, Şubat.

Benk, S. ve T. Budak, (2015). **Vergi Uyumunda Paradigma Dönüşümü: Neoklasik Perspektiften Bütüncül Yaklaşıma Geçiş**, *Gazi Kitapevi: Prof. Dr. Metin Taş'a Armağan.*

Bürokrasi ve İnsan Hakları, (2006), Türkiye Barolar Birliği Yayını: Ankara.

Cansız, H., (2000), **Kamu Mali Yönetiminde Saydamlık**, Afyon Kocatepe Üniversitesi İktisadi Ve İdari Bilimler Fakültesi Dergisi Cilt 2, Sayı:1, Temmuz.

Çal, S. (2008), **Türkiye'de Kamu Hizmeti ve İmtiyazın Dönüşüm Öyküsü**, T.O.B.B. Yayınları.

Çelik, C. (2005), **Vergi Kaçakçılığı ile Mücadelede Alınması Gereken Önemli Tedbirler,** Vergi Dünyası, Sayı: 284, Nisan.

Çevik, S. (2012). **Mükellefin Devlet ve Toplumla Etkileşimi, Bireysel Normlar ve Vergi Ahlakı**, Maliye Dergisi, Sayı: 163, Temmuz-Aralık 2012.

Çiçek, H. (2006), **Psikolojik ve Sosyal Yönden Yükümlülerin Vergiye Karşı Tepkileri (İstanbul İli Anket Çalışması),** İSMMMO: İstanbul, Ağustos.

Çiloğlu, İ. (1998), **Kayıt Dışı Ekonominin İşleyişi ve Kamu Bütçesine Etkisi**, Hazine Dergisi, Sayı:11, Temmuz.

Çukurçayır, M. A. ve E. B. Sipahi, **Yönetişim Yaklaşımı Ve Kamu Yönetiminde Kalite,** Sayıştay Dergisi, Sayı: 50-51.

Dedeoğlu, E., F. Emil ve C. M. Erdem, (2000), **"Kamu Mali Mevzuatının Uygulanması Ve Saydamlığı Üzerine Gözlemler: Bütçe Kanunları Mali Disiplini Ne Ölçüde Sağlıyor?", Devlet Reformu:Kamu Maliyesinde Saydamlık,** Tesev: İstanbul.

Gençkaya, Ö. F. (2009), **Çıkar Çatışması,** Mayıs.

Gök, A. K. (2007), **Vergi Direncinin Gelişimi**, Marmara Üniversitesi İ.İ.B.F. Dergisi, Cilt: XXII, Sayı: 1.

Göktaş, A. (2000),**"Güneydoğu Asya Krizinin Maliye Ve Para Politikaları Açısından Sonuçları",** Maliye Dergisi, Sayı:133, Ocak-Nisan.

Güler, B. A. (2003), **"Yönetişim: "Tüm İktidar Sermayeye"**, Praksis, Kış-Bahar.

Güler, B. A. (2003), **"Devlette Reform", Kamu Yönetimi Dünyası,** Yıl: 4, Sayı: 13, Ocak-Mart.

Güler, B. A. (1996), **Yeni Sağ ve Devletin Değişimi-Yapısal Uyarlanma Politikaları,** TODAİE Yayınları: Ankara, 1996.

Işık, A. (2009), **Kültür ve Kalkınma: Vergi Kültürü Örneği,** Ege Akademik Bakış, Pamukkale Üniversitesi İİBF.

Işık, N. ve M. Acar, (2003), **Kayıt Dışı Ekonomi: Ölçme Yöntemleri, Boyutları, Yarar ve Zararları Üzerine Bir Değerlendirme,** Erciyes Üniversitesi İ.İ.B.F. Dergisi, Sayı: 21, Temmuz-Aralık. ss.119-121.

Kayıkçı, S., **Küreselleşmenin Kamu Yönetimi Paradigmasına Etkisi ve Türk Kamu Yönetimine Yansımaları,** Mülkiye Dergisi, Cilt: XXXI, Sayı:256.

Kalfa C. ve F. Ataay, (2008), **Yönetişim: Devlet-Toplum İlişkilerinde Yeni Bir Aşama,** Ç.Ü. Sosyal Bilimler Enstitüsü Dergisi, Cilt 17, Sayı 3.

Karabacak, H. (2003), **"Hukukun Üstünlüğü ve iyi Yönetişim", İyi Yönetişimin Temel Unsurları,** T.C. Maliye Bakanlığı Avrupa Birliği ve Dış ilişkiler Dairesi Başkanlığı Yayını: Ankara, Nisan.

Kıldiş, Y. (2000), Kayıt **Dışı Ekonominin Ulusal ve Uluslar arası Boyutu ve Çözüm Önerileri,** Dokuz Eylül Üniversitesi S.B.E. Dergisi, Cilt: 2, Sayı: 2, İzmir.

Kirchler, E. (1998) Differental Representations of Taxation: Analysis of Free Associations and Judgments of Five Employment Groups" Journal of Socio-Economics, Vol. 27, Issue 1, ss. 117-128.

Sağbaş İ. ve N. T. Saruç, (2003), **Vergi Politikalarının Seçmenlerin Parti Tercihi,**

Saraçoğlu, F. (2005), **Vergilendirmede Yeni Dönem ve Yeni Dönemde Vergilendirme Stratejisi**, Vergi ve Muhasebeciyle Diyalog, Sayı: 201, Ocak.

Saraçoğlu, F. (2008), **Yaş-Cinsiyet-Medeni Durum ve Eğitim Durumunun Vergiye Karşı Tutum Üzerine Etkilerinin Anket Sonuçları Çerçevesinde Değerlendirilmesi,** KMU İİBF Dergisi Yıl:10, Sayı 15, Aralık.

Saruç, N. T. (2013). **Vergi Uyumu: Türkiye ve Dünyada Güncel Gelişmeler**, Akademisyen Yayınevi: Ankara.

Saygılıoğlu, N. ve S. Arı, (2003), **Etkin Devlet/Kurumsal Bir Tasarı ve Politika Önerisi,** Sabancı Üniversitesi Yayınları.

Sezer, Ö. (2008), **Kamu Hizmetlerinde Müşteri (Vatandaş) Odaklılık: Türkiye'de Kamu Hizmeti Anlayışı Açısından Bir Değerlendirme,** ZKÜ Sosyal Bilimler Dergisi, Cilt 4, Sayı 8.

Sezgin S. ve H. Çoban, (2004), **Vergi Mükelleflerinin Davranışları Üzerine Ampirik Bir İnceleme: Denizli Örneği,** Yaklaşım Dergisi, Sayı:11, Haziran.

Şeker, M. (2006), **Kayıt Dışı Ekonomi Tahmini: Türkiye Örneği-1**, Vergici ve Muhasebeciyle Diyalog, Süryay, Sayı:217, Mayıs.

Odabaşı, H. ve K. Güngör, (2009), **Yürütmenin Sınırlandırılması ve Anayasal Bütçe Yaklaşımı,** Yeni Türkiye Dergisi, Sayı 30, Kasım-Aralık. Aktaran: Sedat Çal, Türkiye'de Kamu Hizmeti Ve İmtiyazın Dönüşüm Öyküsü, TOBB Yayınları, 2008.

Orak, C. C. (2007), **Kamu Hizmeti:Tabula Rasa, Avrupa birliği Sürecinde Nasıl Doldurulacak,** T.B.B. Dergisi, Sayı:68.

Özer, M. A., **Günümüzün Yükselen Değeri: Yeni Kamu Yönetimi,** Sayıştay Dergisi, Sayı: 59.

Özperhiz, N. (2005), **Vergi Uyumu ve Ülkemizde Vergi Uyumunun Arttırılmasına Yönelik Öneriler**, Vergi Dünyası, Sayı 283, Mart.

Tan, T., **Anayasa Mahkemesi Kararlarında Kamu Hizmeti Yaklaşımı,** A.Ü.H.F. Dergisi.

Tekbaş A. ve G. Dökmen, (2007), **Türkiye'de Vergi Yükünün Bölgesel Dağılımı,** Maliye Dergisi, Sayı: 153, Temmuz-Aralık.

Tekin, S. (2003), **Kayıt Dışı Ekonomi ve Vergi Denetimi**, Vergi Sorunları Dergisi, Sayı: 181, Ekim.

Tosuner M. ve İ. C. Demir, (2009), **Vergi Ahlakının Sosyal ve Kültürel Belirleyenleri,** Süleyman Demirel Üniversitesi İ.İ.B.F. Dergisi, Cilt:14, Sayı: 1.

Ünver, M. K. (2004), **Vergi Yükü Kavramı ve Ülkemizdeki Durumu**, Yaklaşım Dergisi, Sayı:16, Kasım.

Uçak, C. (1997), **Vergilendirme Psikolojisi**, Vergi Dünyası, Sayı: 189, Mayıs.

Yeniçeri, H. ve S. Çevik. (2014). **Sosyal ve Politik Etkileşim, Bireysel Değerler ve Vergi Ahlakı Arasındaki İlişkilerin Yapısal Eşitlik Modeli İle Test Edilmesi**, Amme İdaresi Dergisi, Cilt; 47, Sayı: 3, Eylül 2014, s.73.

Yıldırım, M. (2009), **Kamu Yönetiminde Yeni Bir İkilem: Yurttaş Odaklılık Ya Da Müşteri Odaklılık,** C.Ü. İİBF Dergisi, Cilt:10, Sayı:1.

Yılmaz, B. E. ve M. Şeker, (2007), **Vergiye Karşı Tepkiler: Mükellef Davranışları (İstanbul Örneği),** İSMMMO: İstanbul.

Yılmaz, G. A. (2006), **Kayıt Dışı Ekonomi ve Çözüm Yolları,** İSMMMO Yayını: İstanbul.

Yüksel, M., **Yönetişim (Governance) Kavramı Üzerine**, "Cevat Geray'a Armağan", Mülkiyeliler Birliği Yayınları, Sayı: 25.

Diğer Kaynaklar

Acar, İ. A. ve H. Gül, (2006), **1980 Sonrasında Kamusal Mal ve Hizmet Sunumunda Yaşanan Dönüşüm,** SDEÜ İİBF, Maliye Sempozyumu.

Akbey, F. (2005), **"Neo-Liberal Dönüsüm Çerçevesinde 5018 Sayılı Kanunun Değerlendirilmesi", 20.Türkiye Maliye Sempozyumu,** Pamukkale, Mayıs.

Biberoğlu, E. (2006), **Türkiye'de Gönüllü Vergi Uyumu**, Yüksek Lisans Tezi, İzmir: Dokuz Eylül Üniversitesi Sosyal Bilimler Enstitüsü.

DPT, (2000), ***Kamu Mali Yönetiminin Yeniden Yapılandırılması ve Mali Saydamlık, Özel İhtisas Komisyonu Raporu,*** DPT Yayınları: Ankara.

Erdal, D. (2011). **Sosyo-Psikolojik Yönden Vergi Kayıp ve Kaçaklarının Nedenleri, Yüksek Lisans Tezi,** Manisa: Celal Bayar Üniversitesi Sosyal Bilimler Enstitüsü.

Gelir İdaresi Başkanlığı, **Elektronik Fatura Çalışmaları,**13 Ocak 2009.

Gerçek, A. (2004), **Türkiye'de Vergi Kayıp ve Kaçaklarının Önlenmesi Açısından Vergi İdaresinin Sorunları ve Yeniden Yapılandırma Önerisi, Türkiye'de Vergi Kayıp ve Kaçakları, Önlenmesi Yolları, 19. Türkiye Maliye Sempozyumu**, Antalya.

User, İ. (1992), **Vergilemenin Sosyal Psikolojik Sınırı, Yayınlanmamış Doktora Tezi**, İstanbul: Marmara Üniversitesi Sosyal Bilimler Enstitüsü.

29.5.1936 tarih ve 2996 sayılı Maliye Vekaleti Teşkilat ve Vazifeleri Kanunu.

2008 Yılı Kamu İç Denetim Genel Raporu, Haziran 2009, Ankara.

Elektronik Kaynaklar

Aksoy, Ş., **"Kamu Yönetimi Nereye Gidiyor? Bir Durum Saptaması" II. Kamu Yönetimi Forumu,** 7-8 Ekim 2004, Hacettepe Üniversitesi İİBF, Aktaran:Asım Balcı, Kamu **Yönetiminde Çağdaş Yaklaşımlar Ve Kamu Hizmet Sunumuna Etkileri**, *http://www.sobiadacademy.net/sobem/e-kamuyonetim/kamuda-kalite/balci.pdf*, Erişim: [1 Kasım 2009].

Aktan, C. C., **"Türkiye'de E-Devlet"**, http://www.canaktan.org/politika/edevlet/turkiyede.htm, Erişim: [12 Mayıs 2009].

Çataloluk, C., **Vergi Karşısında Mükelleflerin Tutum ve Davranışları**, http://www.google.com.tr/search?hl=tr&q=c+%C3%A7ataloluk+vergi&meta, Erişim:[12 Ocak 2009].

Doğrusöz, B. (2003), **Kayıt Dışı İle Mücadele Üzerine**, *Mesleki Makaleler.* http://turmob.org.tr/turmob/basin/17-11-2003(1).htm, 2003, Erişim: [28 Mart 2007].

DPT, **Sekizinci Beş Yıllık Kalkınma Planı, Güvenlik Hizmetlerinde Etkinlik Özel İhtisas Komisyonu Raporu** http://ekutup.dpt.gov.tr/guvenlik/oik583.pdf, Erişim: [5 Eylül 2009].

Emre, C., **Kültürel Değerler, Ahlak Ve Türkiye'de Kamu Yönetimi**, http://acikarsiv.ankara.edu.tr/fulltext/3452.pdf, Erişim: [12 Haziran 2009],

Gelir İdaresi Başkanlığı, **OECD Ülkelerinde Toplam Vergi Gelirlerinin GSYİH'ya Oranı**

http://www.gib.gov.tr/sites/default/files/fileadmin/HTML/VI/OECD/Tablo_2.xls.htm

Erişim: [16 Mayıs 2016].

Gerçek, A. (2009)**Türkiye'de Vergi İdaresinin Modernizasyonu Açısından Vergi Kimlik Numarası Uygulamasının Değerlendirilmesi,** http://www.muhasebetr.com/makaleler/004/, Erişim: [23 Mayıs 2009].

Karabulut, T., **Laffer Eğrisinin Türkiye Uygulaması,** http://www.sosyalbil.selcuk.edu.tr/sos_mak/articles/2006/16/TKARABULUT.PDF, Erişim: [10 Şubat 2009].

Kıldiş, Y., **Türk Vergi Hukukunda Vergiyi Doğuran Olay,** http://www.muhasebetr.com/ozelbolum/017/, Erişim: [14.04.2009].

Narta, M. E., **Vergi Bilinci,** www.maliye.gov.tr, Erişim: [23 Ekim 2008].

Özdan, V. **Avrupa Birliği'nde E-Fatura Uygulaması Ne Aşamada?,** www.vergiportali.com/, Erişim:[18 Ağustos 2009].

Pur, H. P., **Türk vergi Sistemi ve Kamu Yönetim Reformu,** 24.02.2004 tarihli Dünya Gazetesi, http://www.dunyagazetesi.com.tr/, Erişim: [25 Haziran 2009].

Saraçoğlu, F., Ö. Çelik ve M. Gökkaya, (2002), **Vergi Kaçakçılığı –Denetim Olasılığı ve Cezalar: Anket Sonuçlarının Analizi,** (2008). Vergi Raporu Aylık Maliye, Ekonomi ve Hukuk Dergisi, Sayı: 103.

Saraçoğlu, F., **Vergilendirme Yetkisi ve Türkiye-Avrupa Birliği İlişkileri,** http://w3.gazi.edu.tr/web/fatihsaracoglu/dosyalar/Akademik_Calismalar/Makaleler/Makale_9.pdf, Erişim: [23.04.2009].

Savaş, V., **Yeni Anayasa için Ekonomik Anayasa Önerileri,** http://www.anayasa.gov.tr/eskisite/anyarg11/vuralsavas.pdf, Erişim: [21 Aralık 2008].

Taş, M. ve Ö. Sezgin, **Vergi mükellefi Seçmen İlişkisi,** www.aksam.com.tr, Erişim: [12 Mar 2009].

TEPAV, **Toplumun Kamu Yönetimine ve Kamu Hizmetlerine Bakışı,** *www.tepav.org.tr/Toplumun_Kamu_Yonetimine_ve_Kamu_Hizmetlerine_Bakisi.pdf*, Erişim: [13 Temmuz 2009].

TESEV, **Kamu Personel Yönetim Sistemi Raporu Kritik Ve Reform Önerileri,** (Ekim 1999)

http://www.tesev.org.tr/projeler/proje_kamu_personel.php, Erişim :[5 Eylül 2009].

TİSK, **Türkiye'de Kamu Hizmetlerinin Veya Devletin Yeniden Örgütlenmesi,** www.tisk.org.tr/yayinlar, Erişim: [28 Ekim 2009].

TUİK, (2015). Basın Odası Haberleri, Sayı:43. http://tuik.gov.tr/mwg-internal/de5fs23hu73ds/progress?id=kjDdsYZtQ3QeW_nJljLT92SSqZUtpUf_nkypC9MpFB4, Erişim: 12 Mayıs 2016].

Tuncer, M., **Hükümet-Birey İlişkilerinin Vergi Uyumuna Etkisi ve Türkiye,** http://dergiler.ankara.edu.tr/dergiler/42/467/5364.pdf, Erişim: [25 Şubat 2009].

Turgay, T., **Vergilemenin Sınırları,** http://www.canaktan.org/ekonomi/anayasal_iktisat/diger_yazilar1/buchanan-timurturgay-vergileme-sinirlari.pdf, Erişim: [17 Ocak 2008].

Türkiye Yönetişim Programı, www.un.org.tr, Erişim: [16 Haziran 2009].

Uluslararası Para Fonu (IMF) ile Türkiye arasında 3 Yıllık Stand-By Anlaşması, www.belgenet.com, Erişim: [28 Haziran 2009].

User, İ., **Davranış Araştırmaları İçinde Vergi Kaçakçılığı,** http://archive.ismmmo.org.tr/docs/malicozum/26MaliCozum/14-YrdDocDr%C4%B0nciUser68.doc, Erişim: [23 Ocak 2009].

Verginin Matrahı ve Tarifesi, http://www.muhasebedersleri.com/butce-vergi/vergi-matrahi-tarifesi.html, Erişim: [1 Mart 2009].

Vergi Konseyi Stratejik Planı Taslağı 2005-2006, www.vergikonseyi.org.tr, Erişim: [28 Haziran 2009].

Yılmaz, N., **Vergi, Ülkenin Dünü, Bugünü ve Yarınıdır,** http://www.denizlismmmo.org/dosya.asp?id=1506 , Erişim: [8 Ocak 2009].

Yüksel, C. **Türk Kamu Yönetiminde Etik Mevzuatı Değerlendirmesi Ve Çözüm Önerileri**, Boğaziçi Üniversitesi İktisadi ve İdari Bilimler Fakültesi, www.etikturkiye.com,

http://www.etik.gov.tr/mevzuat/mmevzuat.htm, Erişim: [12 Mayıs 2009].

http://www.bilgitoplumu.gov.tr/yayin/TUENA-RAPOR.pdf, Erişim: [12 Mayıs 2009].

http://www.bilgitoplumu.gov.tr/kdep.asp, Erişim: [12 Mayıs 2009].

http://www.bilgitoplumu.gov.tr/btstrateji/BTS_Degerlendirme_IV.pdf, Erişim: [12 Mayıs 2009].

www.ysk.gov.tr, Erişim: [12.05.2016].

https://knoema.com/pjeqzh/gdp-per-capita-by-country-1980-2014?country=Turkey ,Erişim: [16 Mayıs 2016].

https://data.oecd.org/gdp/gross-domestic-product-gdp.htm ,Erişim: [16 Mayıs 2016]

http://www.gib.gov.tr/sites/default/files/fileadmin/HTML/VI/OECD/Tablo_2.xls.htm ,Erişim:[16 Mayıs 2016].

http://www.gib.gov.tr/fileadmin/beyannamerehberi/2015kayitdisi.pdf Erişim: [11 Mayıs 2016].

http://www.gib.gov.tr/fileadmin/beyannamerehberi/2011_Performans_Programi.pdf [Erişim: 30.12.2015].

FSC
www.fsc.org
MIX
Papier | Fördert
gute Waldnutzung
FSC® C083411

Kolibri 360 GmbH
Ferdinand-Jühlke-Straße 7
99095 Erfurt, Deutschland
produktsicherheit@kolibri360.de

Druck:
CPI Druckdienstleistungen GmbH
im Auftrag der
Kolibri 360 GmbH
Ferdinand-Jühlke-Str. 7
99095 Erfurt